教育管理理论与实践

左媛媛　刘红军 ◎ 著

吉林出版集团股份有限公司

图书在版编目（CIP）数据

教育管理理论与实践 / 左媛媛，刘红军著. — 长春：
吉林出版集团股份有限公司，2022.9
ISBN 978-7-5731-2321-3

Ⅰ. ①教… Ⅱ. ①左… ②刘… Ⅲ. ①教育管理—研
究 Ⅳ. ①G40-058

中国版本图书馆 CIP 数据核字（2022）第 179381 号

教育管理理论与实践

著　　者	左媛媛　刘红军
责任编辑	陈瑞瑞
封面设计	林　吉
开　　本	787mm×1092mm　　1/16
字　　数	190 千
印　　张	8.75
版　　次	2022 年 9 月第 1 版
印　　次	2022 年 9 月第 1 次印刷
出版发行	吉林出版集团股份有限公司
电　　话	总编办：010-63109269
	发行部：010-63109269
印　　刷	廊坊市广阳区九洲印刷厂

ISBN 978-7-5731-2321-3　　　　　　　　　　定价：68.00 元

前　言

随着党和政府对教育事业的高度重视和投入的加大，高等教育得到了快速发展。目前，我国已成为世界上高等教育在学人数最多的国家。如何树立以提高质量为核心的高等教育发展观，全面提高高校人才培养质量、科学研究水平、社会服务能力和文化传承创新能力；如何树立与高等教育大众化相适应的高等教育质量观，实施重大发展项目，既着力培养拔尖创新人才，又大量培养应用型、复合型、技能型人才；如何提高高等教育国际化水平、提高高等教育管理水平，带动高等教育质量全面提高等诸多新情况、新问题对新形势下的高等教育发展提出了新挑战。

本书共分八章，首先概述了教育管理的本质、高等教育管理功能、现状及教育管理发展趋势，然后详细地分析了学校教学管理理论与实践、学校德育管理理论与实践、学校师生管理的理论与实践以及学校领导体制与领导艺术等，最后对新生代大学生的教育管理提出了建议，为高等教育管理理论与实践创新提供了新思路，具有一定的出版价值。

本书在撰写的过程中参考了一些专家、学者的研究成果和著作，在此表示衷心的感谢。由于作者水平有限，本书可能存在着一些不足之处，希望广大读者给予批评指正，以便在今后修订时订正。

目 录

第一章 教育管理的本质 …………………………………………………… 1

  第一节 教育管理的基本概念 …………………………………………… 1

  第二节 高等教育管理的特点 …………………………………………… 6

第二章 高等教育管理功能及现状 ……………………………………… 10

  第一节 规划与组织功能 ……………………………………………… 10

  第二节 控制与协调功能 ……………………………………………… 14

  第三节 高校大学生教育管理现状 …………………………………… 23

第三章 教育管理发展趋势 ……………………………………………… 26

  第一节 教育管理发展的历史与现状 ………………………………… 26

  第二节 现代教育管理的发展趋势 …………………………………… 28

  第三节 教育管理现代化的理性思考 ………………………………… 32

第四章 学校教学管理理论与实践研究 ………………………………… 36

  第一节 教学计划管理与实施 ………………………………………… 36

  第二节 教学过程管理 ………………………………………………… 40

  第三节 教学质量管理 ………………………………………………… 44

第五章 学校德育管理理论与实践研究 ………………………………… 49

  第一节 学校德育管理的重要性 ……………………………………… 49

  第二节 学校德育内容与任务 ………………………………………… 50

  第三节 学校德育管理实效性提高的方法 …………………………… 53

第六章 学校师生管理的理论与实践研究 ……………………………… 59

  第一节 学生管理工作的特点、观念与内容 ………………………… 59

  第二节 学生管理工作的基本原则 …………………………………… 64

  第三节 教师管理的地位和作用 ……………………………………… 66

  第四节 教师管理现状与教师管理制度创新 ………………………… 71

第七章　学校领导体制与领导艺术 ···························· 79

　第一节　领导艺术概述 ····································· 79

　第二节　领导艺术提高的主要途径 ·························· 85

　第三节　学校领导体制改革的方向 ·························· 90

第八章　新生代大学生的教育管理策略 ···················· 96

　第一节　更新大学生教育管理理念 ·························· 96

　第二节　创新大学生教育管理方法 ························· 103

　第三节　拓展大学生教育管理途径 ························· 109

　第四节　提升高等院校教育管理主体素质 ··················· 118

　第五节　激发学生个体的主体自觉性 ······················ 121

　第六节　管教结合，促进大学生个性发展 ··················· 127

参考文献 ··· 133

第一章　教育管理的本质

第一节　教育管理的基本概念

一、管理的一般概念

管理一般是指在特定的环境下，对组织所拥有的资源进行有效的计划、组织、领导和控制，以便完成既定的组织目标的过程。管理是人们依据社会发展的客观规律和在特定历史条件下有意识地调节社会系统内外的各种关系和资源，以便达到既定的系统目标的过程。很显然，这两个方面的表述并不矛盾，只是表述的方式稍有差别而已。前面的表述直接一些，比较简练直观；后面的从社会系统的角度和方法进行表述，比较宏观。

其含义包括以下三个方面：

（1）管理是为实现组织目标服务的，是一个有意识、有目的的活动过程。管理是任何组织不可或缺的，但绝不是孤立存在的。只要有组织及其活动，就存在管理问题。就管理本身而言，管理不具有自己的目标，不存在为管理而管理，没有活动也就不存在管理问题，管理是依附于活动而存在的，组织活动的目标就是管理的目标，而管理是服务于组织目标的。

（2）管理活动是通过一系列相互关联的资源要素进行的，管理工作就是要综合运用组织中的各种资源要素，通过计划、组织、控制等来实现组织目标，达到活动的目的、效果，这就成为管理的基本职能。

（3）从管理本身来讲，管理活动应该按照自己的规律进行，但是，现实管理活动中的资源并不是孤立存在的，管理工作是在一定环境条件下进行的。管理是一种社会活动，有效的管理必须充分考虑组织的特定环境。

"一般管理理论"最早诞生在法国。当泰勒及其追随者正在美国研究和倡导生产作业现场的科学管理原理和方法的时候，大西洋彼岸的法国诞生了组织管理的理论，被后人称为"一般管理理论"或者"组织管理理论"。与泰勒主要研究基层作业的管理理论不同的是，"一般管理理论"是站在高层管理者的角度研究组织管理问题，在此基础上，现代管理理论的研究发展很快形成了许多管理的经典理论和理论体系。根据研究管理的对象不同，可分为广义的管理和狭义的管理。广义的管理可以是针对大自然中的万事万物的管理；狭义的管理只是针对某项具体活动，以及活动中的资源所进行的计划、组织、领导、控制。一般我们研究的管理是指狭义的管理，是指组织管理、行为管理、活动的管理。活动的结果，实际上是人能动性的结果，管理的实质是人，是管理者与被管理者之间发生的矛盾的解决。既然这样，那么，管理就是管理者、被管理者、事项三方形成的特定的活动。

对于管理的分类，现代管理一般可以从多个方面来进行划分。一是从活动的规模大小划分，可以分为宏观管理和微观管理；二是从具体活动的内容划分，可以分为综合管理和专项管理；三是，从管理的形式上划分，可以分为紧密管理和松散管理。当然，这些区分也只是相对的。

二、管理的基本理论

管理的基本理论是很多的，特别是随着现代社会的发展、人们的认识水平的不断提高、社会活动的不断丰富，社会财富与利益驱动机制更加强烈，管理理论在创新、在发展。而系统管理理论、人本管理理论、目标管理理论、标准化管理理论、组织管理理论、模糊管理理论、混合管理理论等只是众多管理理论中的一部分，它们既是管理的理论，也是管理的思想和方法。

（一）系统管理理论

系统管理理论指出，管理的任务就是协调系统中的各个子系统及系统要素，以保持系统的动态平衡，取得系统最佳运行效果。这种管理理论及其方法的核心是把管理作为一个整体的系统，系统就要有系统要素，系统要素就是人、物、活动及其项目。这种管理理论和方法一般应用于大的军事战略、建设工程、大型活动（内容复杂、组织规模大、投入量大、长时间或长周期）较为合适，当然，这些也只是相对的，因为大和小本身就是相对的。

（二）人本管理理论

人本管理理论和方法是以人为中心的管理，实际上，这种管理理论与方法是最难做好的，如果把握不好，甚至有时候还会出现偏额。有效的人本管理实质是人的权力的利用和利益的分配，在这一过程中，既要尊重人，又要让人的潜能充分发挥，是一对很特殊的矛盾。以人为本的管理目的就是发掘人的最大潜能，这种潜能并不完全是指被管理者的，同时也包括管理者。管理者的潜能是工作的积极性和表现出来的工作效益，被管理者的潜能是管理者的思想和艺术施加结果的体现，二者的结合才能达到管理的最大效果。人本管理理论虽然是一个相对比较早的管理理论，但是在实践中应用得并不好。究其原因，传统的、单纯的人本管理理论十分强调管理的"人"的素质，可以说，低素质的人是绝对运用不好人本管理理论的，一个管不好自己的人同样也是管理不好别人的，更不用说有效地运用好人本管理理论。不过，现代的人本管理理论加入了一些新的元素，在人本管理中加入制度管理，形成了一种新的意义上的人本管理理论。

（三）目标管理理论

目标管理理论和方法是一种与利益相关联的刚性管理模式。这种管理理论和方法实际上是与价值理论密切相关的，甚至可以说是以价值理论为基础的。要有一个预先设置的价值目标，然后以这种价值目标的实现为核心展开管理活动。价值目标的认同是关键，是目标管理的前提。价值目标的确立也是十分重要的，价值目标必须通过全体成员认同，目标管理理论强调组织目标的制定要得到所有组织成员的认同，没有认同感的组织目标是不切实际的，是难以达到的。有人说目标管理只是注重结果，这是十分错误的，最新的目标管理理论不仅仅是注重管理活动的一头一尾，而是除了最先确定价值目标，最终对完成价值目标检验结果外，还需对过程实施严格监督，让目标按既定的方向完成，不要等到问题成了堆，最后成为一个很糟糕的结果。既成事实不是目标管理的目的，要让管理者与被管理者通过共同的努力，一步一步向既定目标靠近。实现以价值目标为中心而组织的目标管理活动，是一种刚性的量化管理，因此执行也是刚性的。目标管理理论除了注重价值目标外，具体的应用还有一个公平理论问题，这是由目标管理理论的刚性所决定的。

（四）标准化管理理论

这种管理理论和方法是在专业化管理的基础上，由管理者组织专家制定管理的标准，通过一定的法律法规程序予以确定。这种管理的思想十分明确，最朴素的道理就是"没有规矩不成方圆"。标准化管理虽然是组织和专家行为，但标准并不是武断和空穴来风的，既要有权威性，又要有社会基础和群众基础，通过科学的过程来制定。在这一过程中有两个十分重要的环节，一个是标准的制定，另一个是标准的执行。第二个环节是标准化管理的要害，有时候可能还是成败的关键。在管理活动中，有了标准不好好执行，或者执行起来走样，必将导致标准化管理的全面失败。当然，这不是标准化本身的问题，而是实施标准化管理的实践问题。

（五）组织管理理论

组织管理理论和方法的实质是最高决策层通过设置管理的各级组织，规定各级组织的职能，通过领导核心、组织授权、组织实施等进行的管理。组织管理的重点是组织结构的设计，关键是组织职能的授权；同时，也有人把它归结为组织的层级管理理论、组织的能级管理理论、组织的行为管理理论。组织管理理论要有严密的组织结构、明确的组织目标和组织功能，同时，要有一套有效的组织运作机制，否则，再好的科学组织、再完善的组织功能，没有好的运作机制它也不可能活起来，甚至会导致组织管理活动不能有效地展开。

（六）模糊管理理论

这是一种现代的管理思想和方法，特别是在软管理方面，运用模糊数学的管理思想与技术进行管理。这是一种在高层次的人群中实施的行为管理，是一种软性管理。简单管理没有必要运用模糊管理，它一般是在复杂的、庞大的、中长周期的、高智商的管理活动中实施。

（七）混合管理理论

实际上，在我们通常的组织活动中，特别是比较大的组织系统中，运用得比较多的是混合管理模式。混合管理是多种管理思想和方法的组合。在大型组织中，管理的内容比较复杂，头绪又很多，多种活动项目的性质差距较大，运用某一种方式来进行全盘的统领往往是不可能的，这就需要运用混合管理的理论和方法来完成。

三、高等教育管理概念

高等教育管理是根据高等教育的目的和发展规律，调配高等教育资源，调解高等教育系统内外的各种关系，进行有效的计划、组织、领导和控制，以达到既定的高等教育系统目标的过程。这是通常给出的高等教育管理的定义。

从教育管理的层面上讲，高等教育是中等教育基础之上的教育，因此，它是指高等教育这一特殊的专业层面上的管理。

从管理的分类上讲，也可以分为宏观高等教育管理和微观高等教育管理。从管理的内容上讲，可以分为宏观高等教育管理中的战略规划管理、宏观调控管理，微观高等教育管理中的教育组织内部的具体的教育管理活动。

从定义分析，高等教育管理具有下述三层含义：

（一）高等教育管理的依据

高等教育管理的概念首先指明了高等教育管理活动的依据是高等教育的目的和发展规律。高等教育的目的是为社会提供各级各类高级人才。各级各类高级专门人才的教育是指：在类别上为普通高等教育、成人高等教育；在性质上为公办高等教育、民办高等教育；在层次上为专科教育、本科教育、研究生教育。这些教育的目的和目标是管理的根本依据。高等教育受到学生身心发展的影响，通过德育、智育、体育、美育等过程，培养全面发展的人。只有把人作为社会关系的总和来看待，才能对人的发展有全面的理解。因此，各级各类教育过程都有其自身的客观内在规律，只有正确认识它们的客观规律，才能实施科学的管理。高等教育受到一定社会的经济、政治、文化制约，并为一定的经济、政治、文化发展服务。因此，生产力和科学技术的发展水平、社会的制度、文化传统都对高等教育活动产生制约。无论是国家宏观的高等教育发展政策的制定，还是高等学校培养人的过程，都必须遵循高等教育的目的和高等教育发展的客观规律，这也是高等教育管理的出发点。

（二）高等教育管理的任务

高等教育管理的概念指出了高等教育管理的任务，这就是有意识地调解高等教育系统内外的各种关系和高等教育资源，以适应高等教育系统发展的客观规律。从一个国家或者地区来讲，高等教育系统是国家或地区社会系统中的一个子系统；从高等教育组织系统来讲，高等学校也是一个社会子系统。由于系统中存在着多种矛盾，因此，高等教育管理的任务就是协调并最终解决系统中存在的矛盾。在高等教育管理中，要用系统论的眼光来设计高等教育的整体和各部分之间、要素与要素之间、学校系统与外部环境之间、学校系统内部的子系统之间的相互关系，树立整体的观念，并通过有效的管理实现系统要素间的整体优化。

（三）高等教育管理的目的

高等教育管理的概念还指明了高等教育管理的结果是不断促成高等教育系统目标的实现。高等教育管理的目的最终也只是高等教育目的的一种辅助性（工具性）目的。在高等教育系统中，培养人的目的是高等教育的根本目的，高等教育系统的一切工作（包括管理工作）都必须围绕其展开。对高等教育系统中各种关系和资源的协调构成了高等教育管理的目的，它的目的是通过有效的管理，确保高等教育实质性目的的实现。因此，高等教育管理最终也只能是手段。当然，由于高等教育管理有其自身的需要，其自身也有目的，如效率就是管理的目的之一，但它是通过有效的管理来保证高等教育目的的有效实现的。综上所述，不论是宏观的高等教育管理，还是微观的高等教育管理，依据的是国家的教育方针，组织的发展目标，高等教育的基本规律，社会政治、经济、文化的发展背景与环境，通过立法、行政、经济、市场等手段进行协调和控制，保证高等教育人才培养质量、推动科学文化知识创新、促进社会进步等目标的实现，最终实现高等教育的可持续发展。

第二节　高等教育管理的特点

事物之间的区别就在于它们的特殊性。了解了高等教育管理的特点，我们就能遵循它的本质规律，有针对性地协调管理活动中的各种矛盾，清醒地驾驭各种管理活动。

一、高等教育管理目标的特殊性

高等教育系统目标的特殊性决定了高等教育管理目标的特殊性。高等教育系统的主要目标是根据高等教育的功能来确定的，因此，对管理的功能与目标相应地提出了它的特定要求。高等教育管理的功能就是要通过计划、组织、协调、控制等使高等教育更加符合社会发展的要求、符合社会生产力的要求，这种要求表现为教育的层次、结构、规模、质量等方面的目标。另外，在微观方面，高等教育管理要使组织中的每个成员按高等教育规律办事，更好地完成既定的目标。高等教育系统的目标是根据高等教育规律和社会发展对高等教育的需求来制定的，所以，高等教育系统的协调活动也应该以高等教育的规律为指导，而不能简单地照抄企业管理中的某些方式方法。从这个意义上说，高等教育的微观管理是以更好地培养人才并且着眼于提高人才的质量为根本目标的管理活动，它不能，也无法以只追求经济效益为目标，更不能以只追求利润为目的。在市场经济体制下，高等教育要不要考虑经济效益的问题，一直以来都是政府行政管理部门和管理工作者闭口不谈的问题，好像一谈经济效益就乱，就偏离了教育方向；而不谈经济效益就"死"，因为在市场经济体制下没有不讲经济效益的组织，没有不讲经济效益的管理活动。与行政管理、企业管理等其他管理所不同的是，如何将社会效益和经济效益有机地结合，纳入高等教育管理的目标中，正确地处理好社会效益与经济效益的关系，是高等教育管理工作者值得研究的，这也正反映了高等教育管理目标的特殊性。

高等教育管理具有两个最基本的目标功能：一是尽其所能地将系统内的各种关系和资源凝聚起来，形成一个整体，这也就是管理的"维系"功能；二是最大限度地围绕系统的整体目标，发挥要素的主动性、积极性，更好地实现高等教育系统的整体目标，这也就是管理的"结合"功能和"放大"功能。高等教育系统是由有关教育行政机关和各级各类高等学校所组成的系统，它的结构与功能与其他社会系统有所不同。高等教育在同其他社会系统进行物质、能量和信息交换的过程中，在为社会提供精神产品的同时，也提供物质产品，这种物质产品表现在劳动力方面、科学技术成果方面、现代文明与文化产品方面，也可能形成工业产品。高等教育系统是最具创造力的社会系统，通过各成员、各要素主观能动性的发挥，可以最大限度地实现系统大于部分功能之和的效果。但反过来，如果教育者及教育资源中的人的主观能动性发挥不好，这比其他任何社会系统都更有可能制约生产力的发展。所以，高等教育管理者要充分认识到这两大功能的特殊性，并注意将二者有机地结合起来，用凝聚力推进整体的结合力，用系统的发展加强整体的凝聚力。

二、高等教育管理资源的特殊性

不论是宏观高等教育管理还是微观高等教育管理，高等教育管理资源要素的特殊性都具体表现在以下三个方面。

第一，这是由一群高级知识分子组成的特殊群体，组织及其成员的特殊性就构成了要素的特殊性。从高等学校管理的主体和客体来看，即从管理者和管理对象两个方面看，组成高等教育系统的主体要素之一是教师，是创造和掌握专门知识的群体。因此，对他们的管理要符合这一群体的心理活动和以个人脑力劳动为主的集体性活动的特征。另外一个高等教育系统的主体性成员之一是学生，是一群18岁以上、受过完全中等教育的青年，对他们的管理和协调方式要符合他们身心发展阶段的特殊性。正是由于高等教育系统组成人员的特殊性，管理中存在着一种特殊的管理现象，这种现象强调和要求自我管理。应该说，自我管理是任何管理中都存在的一种现象，但是，在高等教育管理中，自我管理尤为重要，它是一种身心和智力发展的自我管理，他们需要学到或养成自我管理、自我组织、自我发展的能力。他们的心理特征也表明，在教育过程中，完全有必要让其发挥自我组织管理能力，更好地促进其发展。所以，管理对象是高等教育管理要素最重要的特点。

第二，教育投资与经费的管理是一项复杂的工作，因为它的用途是复杂的，有时候还不能用绝对的量化管理来处理，有时候投入产出不能短期内就见到成效，经济回报率可能很低，这就是高等教育的经费管理有别于企业管理、行政管理、经济管理等的特殊性。

第三，教学与科研的物资设备的管理特殊性，表现为这类资源不完全是生产性资源，这些物资设备是建立在教学科研功能上的，是为了完成教育教学实验实习、科学研究开发的，它不仅仅是一套设备，还是一个教学实验和科学研究的基本平台。

高等教育资源的特殊性构成了高等教育管理的特殊性。高等教育资源是指整个社会用于教育领域的人力、物力和财力及知识、文化产品等的总和，有效的、可利用资源是指高等教育的主办者对高等教育的投入所形成的资源，主要表现在经费投资方面。社会用于教育资源的来源又与社会中的区域发展相关联，与政府对教育的投资相关联。教育是一种事业投资，但是它又不仅仅是纯粹的事业投资，因为它的投资对象决定了教育不可能是完全的事业投资，事业投资的对象主要是公共事业，公共事业是针对大众的，基本上所有的民众都可以享受到。高等教育的对象群体不是单纯的享受公共事业的群体，毕竟当高等教育还没有达到普及的时候，高等教育就不可能是一种完全的事业行为。虽然高等教育的结果回报了社会，但是受教育者只是整个社会群体中的一部分。那么，为什么不能普及高等教育？这是由高等教育资源的有限性决定的，这些资源又受到整个社会政治经济发展的制约。所以，从一个方面讲，高等教育的投入来自政府、学生家长、学校自身和社会的多方融资，这构成了投资的特殊性，这也决定了高等教育资源的特殊性。马克思指出："要改变一般的人的本性，使他获得一定劳动部门的技能和技巧，成为发达的和专门的劳动力，就要有一定的教育或训练，而这就得花费或多或少的商品等价物。"要进行教育活动，首先需要从社会的总劳动力中抽出一部分劳动力，这就是从事教育的劳动者和进入劳动年龄的受教育者，他们要消耗一定的学习资源、生活资源，还必须要有一定的物质技术条件，如校舍、图书、仪器设备等。高等教育财力资源不是自然资源，有些也不是可以通过生产方式就可以生产制造出来的，而是要经过长时间打造和培育出来的，随着社会的发展与需求逐步形成的。在满足了人的再生产以及所需要的物质再生产以后，社会所能用于教育的资源就很有限了，难以满足社会和个人对教育的需求，这也是教育管理中的一对特殊矛盾。因此，如何去获得更多的教育资源，如何有效地使用稀少的教育资源，就成为社会领域和教育领域共同关心的问题。高等教育资源投资的特殊性构成高等教育管理资源的特殊性就不言而喻了。

三、高等教育管理活动的特殊性

从宏观高等教育管理来看，高等教育事业具有很强的战略性、前瞻性。高等教育管理活动整体的发展规划关乎长远的社会民生问题，需要许多专家系统来完成，活动的内容涉及民族文化、区域经济、人口发展、科学技术水平、社会环境等。从微观高等教育管理来看，高等教育管理活动的特殊性体现在高等教育组织管理的活动中，最主要的表现特点之一就是要协调学术目标与其他目标之间的矛盾。学术目标是一种高智力投入和高智力劳动的追求，除了个体的高智力劳动外，同时还要强调高智力劳动的结合与高智力劳动者的团结协作。高等教育系统的主导性活动是传授知识、创造知识，高等教育所培养的各类专门人才和高等学校所提供的各种科技成果主要是通过学术水平和应用价值的高低来衡量的，管理活动的学术性十分强，而这种学术性不可以用一般行政性的方法进行管理。因此，学术目标的组织、协调、实现等是高等教育管理活动中的特殊矛盾，这就要求高等教育管理活动一定要重视学术这一特殊目标，使管理目标与学术目标相符合。高等教育组织中的教学活动是教与学的双边关系，高校师生是一个特殊的群体，在完成教学目标和管理目标的过程中，师生参与到具体的教学管理活动中，达到双边认知的认同，教学民主就显得更加重要。大学教职工是高等教育系统中能动的力量，是实现高等教育管理目标的智慧源泉，要发挥他们的智慧和力量，学术自由是高等教育管理必须考虑的问题。高等教育系统中实行学术民主将激发师生员工极大的能动性，让大家从信任中受到鼓舞，在学术自由这个平台上施展自己的才华，在学校的管理活动中真正成为中坚力量。

第二章 高等教育管理功能及现状

第一节 规划与组织功能

规划是指对事物未来的发展进行目标预期和工作计划的整体设计。从宏观上来讲，规划功能是指高等教育管理中的战略发展规划这一事物的有效作用；从微观高等教育管理来讲，是指高等学校的事业发展规划的功用。规划是管理活动中首要的任务，因此，它的功能也是我们必须先要弄清楚的。

这里的组织实际上是指项目与活动的规划出台后，具体进行的组织实施通过组织管理运作模式和运作机制，组织和调配相应的资源实施这一计划。组织实施是管理活动中的方式方法的另外一个问题，这里主要围绕高等教育中的规划问题开展讨论。

一、高等教育规划的方法

根据高等教育的需求来自社会和个人两个方面，以高等教育的需求为基础的规划方法亦相应地有两种：一是人力需求法；二是社会需求法。

（一）人力需求法

人力需求法是一种运用得较为广泛的规划方法。其基本假定如下：经济发展有赖于教育，高等教育提供促进经济增长所需的各种受过教育和训练的人力，经济各部门的劳动生产率投入与产出结构是可以预测的，每一种产出和劳动生产率的水平都与一种特定的职业结构相联系；每一职业都有最佳的教育结构；技能和教育之间存在对应关系；劳动力市场的过剩或短缺通过发展教育来协调。因此，必须首先借助规划来预计通过高等教育培育人才的数量与质量，来确定社会需求的总量及各级各类人才的数量，指导高等教育机构来完成教育任务。人力需求法的基本原理是以社会经济发展对人力的需求为出发点来制订规划。具体来讲，通过了解国家在某一时期劳动力的职业与教育结构和产出水平之间存在的联系，来确定高等教育的质量与数量。例如，一般来讲，生产价值100万美元的电动机需要50名大学毕业的工程师，如果想要提高生产值，增加到生产价值

150万美元的电动机，按照人力需求的方法，就需要再培养 25 名具有大学毕业水平的工程师。根据人力需求法原理，如果知道了任何未来年的经济部门每一职业所需人力数，每一职业现在人数，每年由于死亡、退休或离职等原因造成的每一职业的减员数，每年离开一种职业又进入另一种职业的人力流动数等几方面的数据，便可使规划期每一年人力总数和每一职业的人力总数定量化。假定每一职业的人力仅与一种特定的教育相联系，那么，所有教育层次和所有学科的所需产出就可以计算出来。在供应方面，如果具备规划内每一年现行教育制度期望的产出数据，便可计算出目标年每一职业所需补充人力数与实际可供应数之间的差额，据此可以调整、规划各个层次和学科的招生数和毕业生数。从经济与人力资源的需求平衡来预测和规划，应从如下几个方面考虑：

1. 预测经济总产出

因为人力需求预测的目标是把教育与经济发展联系起来，所以，首先要预测目标年的经济总产出或预测基年与目标年之间的经济增长率。

2. 预测部门产出

将经济总产出分解为各个部门的产出，计算出国民生产总值在各经济部门的分布。（这里的部门是指国家的行业管理部门）。

3. 预测部门的劳动生产率

估算劳动生产率及基年与目标年之间劳动生产率的变化，把产出目标换算为人力需求。

4. 预测各部门的职业结构

把每一部门的劳动力分解为职业组，统计出职业组的需求结构。

5. 预测总职业结构

将全部部门同类职业所需人力相加，得到为实现经济产出目标所需的每一职业的人力数和综合职业结构。

6. 估计职业所需的教育层次和类型

估计每一职业所需的教育层次和类型或每一部门内每一职业所需的教育层次和类型。

7. 估算附加人力需求

根据受过教育的各级各类人力的现有储备，考虑计划期内离职和流动人力数，得出按教育水平表示的计划期内所需附加人力数。

8. 平衡人力供求

根据计划期每年的附加人力需求数和各级各类学生毕业情况，考虑毕业生的劳动参与率，规划每年各级各类学校的招生数。

（二）社会需求法

社会需求法是基于人力需求法，然后从整个社会的政治、经济、文化的发展来考虑的。对于一个国家来讲，它不仅仅要考虑需求的个体、局部，更要考虑国家的整体，如地区、行业的需求，是更宏观层面上的需求。社会需求法是一种常用的高等教育规划的方法，其思想是以个人对高等教育的需求为出发点，把高等教育个人的投资和消费集合成整体，并尽可能满足个人对高等教育的需求，以这种需求为基础制订高等教育整体规划。同时，社会需求法还要站在更高的角度预测整个社会未来可能的需求。社会需求法是以个人的教育需求为基础的规划方法，这里的社会需求是一个集合概念，它把个人的决定集合起来。从另外一个角度来讲，社会需求法的基本原理是建立一个描述教育系统的模式，用学生从一级教育向另一级教育的流动来描述教育系统的活动，那么，人口预测是其基础，升级比例是其最重要的参数，结果是毕业生就业与社会的需求平衡。特别是当一个国家产生社会发展与教育之间的矛盾时，社会需求就会产生作用，极大地影响高等教育规划，并以此来预测和规划未来的高等教育。

二、宏观高等教育规划

宏观高等教育规划是国家及政府层面上的规划，我们可以称之为战略性的规划和指导性的规划。这一层次上的规划有许多，我们主要分析有关事业发展类的规划。警如，编制国家的高等教育事业发展规划主要有三个方面的工作要做。

（一）提出规划的指导思想

规划要以国家关于高等教育发展的总方针和有关精神为指导思想，以国家教育事业发展的总规划为依据，贯彻科学发展观，加强统筹安排，控制高等学校设置的数量，提高高等学校设置的质量，调整和优化高等学校布局结构。

（二）设计规划的内容

一是总结和分析前一个时期高等教育发展的整体情况：高等教育的需求与目标完成情况；高等教育资源结构布局情况；高等教育改革情况；高等教育经费情况，特别是高等学校的经费保证和财力支持情况；高等教育办学条件情况；高等教育资源的现状，包括数量分析和结构分析。二是提出今后一段时期高等教育发展的目标，根据上一时期目标完成情况，在充分考虑现有高等教育资源的前提下，提出今后一段时间高等教育的总体规划目标，如高等教育的发展规模、发展速度、高等教育的各种结构协调、教育层次的发展规划等。三是高等教育经费财政保障，提出预算内教育经费增长的政策保障和具体措施，以此作为高等教育发展的前提。四是完成目标的步骤和措施。

（三）编制规划的程序和方法

地方高等教育事业发展规划相比国家层面上的规划有些区别，但总的格式没有大的差异。一般来讲，地方政府的高等教育事业发展规划应根据国家的有关文件精神和要求进行编制。规划主要是以党中央、国务院关于高等教育发展的总方针和教育部的有关精神为指导思想，以地方经济社会发展的总体规划和教育事业发展的总体规划为依据，加强统筹安排，控制高等教育发展的数量和规模，提高高等教育的质量，调整和优化本地区高等教育布局和结构。规划的内容也基本反映在四个方面：一是本地区前期高等教育发展的整体情况，除了发展的规模、结构、质量、速度外，还有前期本地区财政性支出对高等教育支持的情况、本地区办学条件的总体情况、本地区高等教育资源的现状分析（包括数量分析和结构分析）。二是根据本地区前期经济社会发展需要和今后高等教育发展的规划目标，在充分考虑现有高等教育资源尚可利用的剩余容量前提下，制订本地区今后高等教育发展的规划，此规划应包括高等教育的总体规划目标和各级各类分项目标。三是经费来源和财政保障，提出今后保证本地区高等教育经费预算内事业费年均水平比上一时期增长的政策保障和具体措施，以此作为本地区同一间高等教育发展的前提。四是完成规划的具体步骤与措施，同时，地方高等教育规划受国家的指导和控制，国家为了保证各地方各地区高等教育的协调发展，在确定地方高等教育规划的时候，要提出审查意见，履行审批手续和程序，这体现了《高等教育法》中规定的国家对高等教育管理是高等教育管理体制所决定的。

三、高等学校事业发展规划

管理就是规划、组织、协调、控制。规划是管理的第一步，走好规划第一步关系到高等教育活动的方向目标是否清楚，发展思路是否清晰，工作要求是否明确、是否符合客观实际，措施是否合理得当，规划是否便于实施等。高等学校的规划是微观高等教育管理的范畴，是微观高等教育规划。

四、规划功能分析

既然规划功能是指规划的效用，那么，规划的实质内容主要表现在两个方面：一是规划中的目标的科学性；二是为达到目标所制订工作方案的可行性。

规划是一种预期设计，结果也是预期的，实际上，真正的效用要通过结果来检验，规划中的目标的科学性和方案的可行性只是一种对过去的经验性的思想要求。目标的科学性主要指要求目标是通过一定的科学程序完成的，是通过各个层面及专家系统的作用来实现的，是经过科学的研究与论证确定的。方案的可行性也是指完成目标的工作步骤和措施是否客观，方案的设计是否考虑到了各工作要素和客观环境条件、是否与这些因素有太大的冲突等。纵观一些教育或者高等教育事业的发展规划历史，对比过去我们感觉到，现在编制的规划越来越讲求实效，目标的确定越来越清晰，可定量可定性的时候一般是定量反映，而且这些量化指标和定性描述是许多人通过许多程序完成的。

第二节　控制与协调功能

高等教育管理的实施过程很重要的一部分就是控制与协调。控制就是对组织运作及组织活动进行规范性干预，大都是制度性的、行政性的强制性干预。而协调除了有些是通过控制的手段外，更多的是用技术和软性的方法来解决管理活动中的问题和矛盾，包括通过管理艺术化解矛盾。这里我们主要研究控制的问题。

一、高等教育目标控制

（一）高等教育目标控制的必要性

高等教育目标的实现程度是衡量高等教育管理效能的重要基准，也是高等教育控制的主要依据。高等教育目标又是相对于社会对高等教育的需求而言的，是预设推动预期高等教育目的实现的导向和标准，因此具有预见性特征。随着时间的推移及高等教育活动主客观条件的变化，不论是宏观高等教育管理还是微观高等教育管理，对高等教育目标适时进行控制和校正都有必然性。

同时，高等教育目标又深深地带有目标制定者对教育价值判断的印记（如对普通教育或学生个性应达到的结果的不同认同），而现实的教育目标的实行通常并不完全按照教育理论家或政治家的设想去进行。对于高等教育目标操作中出现的与理想之间的偏差自然也需要控制。

各教学和行政管理部门在贯彻和实施高等教育战略目标及和办学目的有关的计划、程序时，往往需要制定详尽的子目标。各子目标之间是相互关联的，它们之间的协调是重要的，也是困难的。人们往往会因各自不同的目的或利益发生矛盾甚至冲突，尤其是在功利性色彩较为浓重的组织活动中，对各自目标的追求和竞争在很大程度上代替了对总目标的无条件服从。对子目标执行过程中出现的各种偏离总目标的行为，需要有一定的制度和机制对其实行调控。

从历史角度来看，高等教育发展要经历数量扩张与质量提高之间的矛盾。对数量目标或质量目标的侧重往往带有功利性目的。例如，服从于一定的政治目的（如教育机会均等），要以数量发展为保证。从维护高等教育自身的学术地位来看，质量目标似乎应首先考虑。然而，数量发展并非没有限制。一方面，数量的过度扩张必然带来教育资源分配的紧张（尽管适当的数量规模有助于管理效益的提高）；另一方面，数量的增长也可能损及局部的质量。对于高等教育质量控制，除了数量因素外，系统内部已有的制度、管理人员的素质、师生之间的互动、学生的成绩、毕业生的受欢迎程度等都是质量控制的重要内容。在此，我们拟从高等教育数量控制和质量控制两个方面简单探讨一下高等教育目标控制问题。

（二）高等教育数量目标控制

在对高等教育数量目标进行控制的过程中，有必要分清政府主管部门与学校两者不同的职能、权利及义务。

政府宏观调控职能，应包括以下几个方面：

（1）向学校及时、准确发布人才需求信息（包括数量、层次、规格、专业、学科、地区需求等）；

（2）制订长远发展规划，对学校进行总体指导；

（3）依据学校的办学条件，合理核定招生总量规模；

（4）制定扶植学校发展的方针、政策和措施，使学校的发展不过度受市场的影响，保持学校发展的相对稳定性；

（5）对学校进行定期评估，并把评估结果作为学校改善办学条件、决定能否享有或继续享有一定程度招生计划自主调节权的重要手段。

学校方面若要实行招生计划自主调节的职能，则应有以下保障条件：

（1）研究、制定学校发展的中长期发展方向、目标和总体规模，并经主管部门核定；

（2）对学校的教学质量、科研水平、产业发展、整体管理、办学条件等应承担相应的责任；

（3）在政府宏观指导下，学校逐步建立自我发展、自我约束和自我调节的机制。

（三）高等教育质量目标控制

1. 高等教育的质量标准

将高等教育目标分解为数量目标和质量目标，是从高等教育增长方式角度来划分的。高等教育目标还可以从高等教育功能的角度来考察，例如，随着社会的进步，高等教育活动正呈现多元性：保存和传递人类已有文明成果，培养和提高公民的素质；探求未知领域，发展科学技术和文化；满足社会对人才开发及科技开发、应用等方面的要求；大学直接参与社会经济建设，服务于社区和国家建设等。这些活动同时也构成了高等教育的目标体系。由于现代高等教育具有多方面的目标与功能，因而，衡量高等教育质量的标准也不是单一的。学术标准是其中十分重要的一条，但绝非唯一。除学术标准外，还有高等教育的"适切性"问题，即是否适应社会发展的需要，是否切合受教育者身心发展及其就业的需要等。一般而言，高等教育系统内部往往倾向于强调教学、科研的学术标准，强调学科、专业的内在逻辑和科学性，而社会（包括用人单位、学生、学生家长等）更多地关注高等教育活动对现实的适切性、实用性。例如，学校课程设置、教学内容是否有利于日后就业；在缴费上学的条件下，对入学的投入能否保证更大的回报；高等学校的科研是否能向企业提供新产品、新工艺，从而给企业带来可观的经济效益。在理想状态下，高等教育质量应兼顾学术、社会需求、受教育者意愿和能力等多方面因素。在对高等学校的质量评估标准中，专家们也力图全面反映这些因素。

在实际操作中，诸因素兼顾是困难的。但是如果我们根据不同的质量标准（尤其是学术标准），将高等学校进行适度分级，思路可能会变得清晰些。同一课程在不同性质学校的专业里，其学术性程度是不同的，衡量这门课程的质量标准自然也不同。例如，工科教育中的数学课和理科教育中的数学课是不一样的，前者强调数学作为一门工具性课程的实用价值，而后者十分注重数学课的逻辑性、探索性。推而广之，每所学校根据不同的功能定位，其学术水平的要求可以有差异，每一层次的学校可以在同类中进行竞争，并进一步进入更高层次的学校行列。正如美国学者伯顿所说："高等学校的分级制度可以而且往往是质量控制的一种管理形式。它利用公众典论和院校评议两种手段，根据觉察到的能力给各校以应有的地位、尊重和待遇。"

高等教育的质量标准没有统一之说，宏观的质量标准反映在适应度上，主要是指高等教育与社会经济发展的适应度，科学技术与科学文化知识创新水平、培养的人力资源的数量与质量是高等教育适应度的主要内容。高等教育组织办学的质量标准正在探索和完善，特别是综合考查学校办学的质量、水平、效益等，已经逐步成为高等教育质量标准的主要内容。目前我国评价大学质量标准方面的研究有些进展，但是在教学与学术方面，还不能完全评价学校的整体质量。

2.高等教育质量控制手段

从时间上看，高等教育质量控制可分为三类：

（1）前馈控制

前馈控制的主要内容是指对高等教育质量设置的过程进行控制，对高等教育质量运行的方案设计进行控制，尽量避免出现问题。

（2）过程控制

关注高等教育质量活动过程与高等教育目标的契合程度。在高等教育运行中，不断设置一些中期评价的行为，对出现的问题做出诊断，对运行中的方法进行调整，使运行过程不致在偏离目标太远的时候才去采取校正措施，最大限度地保证高等教育质量。

（3）反馈控制

反馈控制绝不是活动全部结束了，通过对活动的结果进行信息反馈来加以控制。反馈控制仍然是在管理活动的过程中，对于某项活动的运行状况随时进行信息反馈和控制，当然，这一活动一定是指一个有结论的过程，对于没有按照规定的目标和要求而出现的情况进行调控。当然，终结反馈也是必要的，终结反馈的结果只能是对下一个循环进行调控。要注意反馈信息渠道的正常与多元，避免错误反馈。通过建立专业性鉴定委员会等方式加强反馈信息的权威性，不应将事后的质量评估视为工作的终了，而应积极地为新一轮工作、活动提供质量控制及工作改进的建议。

高等教育的质量控制还有评估、标准化质量管理等其他控制手段。

二、高等教育行为控制

规范高等教育的行为是高等教育管理控制功能的首要任务。

任何管理活动都是人的活动行为，不论是宏观管理还是微观管理，行为控制也许是管理活动中最复杂的课题。一是人的行为很难精确测量，因而很难判定它与目标究竟有多大程度的偏差；二是人类对行为规律的了解还很肤浅。几十年来，随着心理学和行为科学的发展，不少学者对行为控制问题做了较深入的探讨。高等教育活动的人是由多个个体组成的人群，因此人群的行为规范就显得更为重要了。

（一）高等教育组织行为的管理

从微观高等教育管理来看，高等教育领域的教学与科研活动属于高智力型。高等学校的教师和学生致力于知识的探索与传播，他们在实现高等教育目标的活动中的各种行为有别于其他社会组织。不过，普通的组织行为管理技术对于高等教育系统中的行为控制仍然是很有价值的。它立足于人的行为和环境的相互作用，试图通过对环境条件的控制实现对人的行为的控制，促使人的行为向预期的方向发展。它通过强化满足条件，得到预期结果以改进行为，根据具体的人处理各种预期的结果，及时提供程序性的行为规范。在高等教育管理中，要帮助高等教育系统的成员形成良好的职业行为，就需要为他们创造条件，也需要强化某些满足条件得到预期结果。例如，只有按照一名校长应做到的行为规范与行为要求来挑选校长，并为他履行校长职责创造各种条件，才有可能得到预期结果。

（二）组织行为的修正

组织行为的修正主要针对那些与完成工作任务不一致或不协调的行为，因为它们不仅会影响组织目标的实现，还会导致组织功能障碍，威胁到组织的生存。组织的行为修正技术包括以下五个环节：

第一，鉴别与工作有关的行为事件。和组织行为管理技术一样，它特别重视外显的行为，而不重视态度之类不可直接观察的变量。它只鉴别与工作有关的事件，而不考虑与工作无关的事件。

第二，测量行为。它包括观察行为、记录行为，然后根据记录的结果描述各种行为，以引起人们对这种行为的注意。

第三, 对行为进行功能分析。它包括将行为和各种环境变量分解成功能因素, 找出行为和环境变量 (事件) 之间的关系, 最后找出影响和控制行为的因素, 为修正行为提供科学基础。

第四, 寻找修正行为的途径和方法。这包括三个步骤: 在分析行为功能的基础上分析行为与环境事件的联系, 找出因果关系链, 并确定采用何种方法去修正行为; 应用和实施修正技术, 通常的手段有强化、惩罚、消退, 或这些手段的相互结合; 采取适当的强化方案, 维持期望的行为。

第五, 对整个工作进行评价, 以确定修正的方法是否妥当, 为以后碰到类似的问题提供科学依据。

三、高等教育财务控制

高等教育财务控制是高等教育系统内部各组织借助于对货币资金的使用效能的筹集、分配和使用采取的一整套管理和监督方法, 以使有限的教育经费得以最大限度地发挥, 达到预期目标的过程。与其他社会系统的财务控制类似, 高等教育财务控制大致也包括预算、会计、决算、审计几种活动。

(一) 高等教育的财务预算

高等教育的财务预算主要是指对高等教育事业经费的编制、分配、执行、调整和分析等一系列的过程。高等教育预算过程的基本目的是确定从中央到地方主管部门、从大学到学院、从学院到系科、从系科到教学科研人员等的资源分配和调整。在确定预算拨款时, 要对资源可选用的方案做出明确的抉择, 因此, 高等教育预算的核心问题是根据什么把 X 款项拨给 A 项活动而不拨给 B 项活动。

高等教育的财务预算工作具有计划性, 可以看作是计划工作的一部分, 同时它也可被视为管理工作中的控制手段, 是一种典型的前馈控制。一般来说, 它具有以下特点: 第一, 以预算与价值计算的形式定期地进行; 第二, 预算按一定的组织系统自上而下有序地进行; 第三, 预算的目的是保证教育计划顺利实施, 促进教育效益不断提高。

根据不同的方法, 高等教育的财务预算可以分为不同的种类。如按其编审程序可分为若干种概算, 拟编下年度预算的估计数字。

拟定预算: 未经一定程序核定的年度收入计划。

法定预算: 经过一定程序审批生效的正式预算

分配预算: 按法定预算确定的范围来分配实施的预算。

如按时间的先后顺序, 则可分为四种。

经常预算: 正式的常规预算。

临时预算: 正式预算确立前暂时实行的假定预算。

追加预算：在原核定的预算总额以外增加收入或支出的数字。

非常预算：为应付意外事变所做的特殊预算。

（二）高等教育的会计与决算

在高等学校，会计是以货币为主要计量单位对学校的经济活动和预算执行过程及其结果进行反映、监督和管理的一种财务控制方式，它包括三个部分：第一，会计核算。根据学校的经济活动和预算执行过程及其结果，连续进行记录和计算，并根据记录和计算来做资料编制报表。第二，会计分析。根据会计账薄、会计报表及其他资料，对财务情况进行分析研究。第三，会计检查。根据会计凭证、账薄、报表和其他资料，对有关单位业务活动的合法性、合理性、会计核算资料的正确性和财政政策及财经纪律的执行情况进行检查。

会计的基本职能在于反映和监督一定范围内的资金使用情况。会计的任务主要包括以下方面：第一，根据有关法令和规定来编制并执行预算；第二，进行经济核算，加强现金管理，做好结算和核算，提高资金使用效益；第三，对高等学校的所有经济活动进行正确、完整、及时的记录，编制凭证，登记入账，上报会计报表。

高等学校的决算是执行预算的总结，是反映全校年度预算结算的书面报告。预算年度结束时，学校的财务活动便进入决算编制阶段。决算的编制一般分六个步骤：第一，拟定和下达编制决算的规定；第二，进行年终收支清理；第三，和颁发决算表格；第四，进行年终结账；第五，编制决算；第六，上报。

（三）高等教育的审计

高等教育的财务审计分为国家审计和部门审计，在必要的情况下，还有司法审计。在高等学校，审计工作是对会计账目进行检查，对有关的财政或财务收支活动情况进行监督的一种财务控制活动。审计主要对财务活动的以下五个方面做出判断：

1. 合理性

合理性即指审核检查的经济活动是否符合有关规章制度的要求。

2. 合法性

合法性即指审核检查的经济活动是否符合国家的法律、政策、法令或条例。

3. 合规性

合规性即指审核检查的经济活动是否在正常或特定的情景下应该发生，是否符合学校管理的原则。

4. 有效性

有效性即指审核检查的经济活动有无经济效益。

5. 真实性或公允性

真实性或公允性即指审核检查经济活动的资料是否如实、适当地反映了它所要表现的经济活动。

审计按其内容和目的可分为以下两大类：

1. 财政财务审计与经济效益审计

前者是审核检查财政财务活动，目的是对这类活动的合规性、合法性做出判断；后者是以实现经济效益的程度和途径为审查内容，目的在于提高经济效益。

2. 按照审计主体与被审单位之间的关系

审计又可分为外部审计与内部审计。外部审计是指由被审单位以外的国家审计机关、上级审计部门或民间审计组织进行的审计。内部审计是由本校审计部门进行的审计。

国家对审计部门的各项任务做出了详细的规定，其中主要有以下几个方面：

1. 对财务收支计划、经费预算、经济合同等方面的执行情况进行监督。

2. 对内部控制制度的健全、有效与否及执行情况进行监督检查。

3. 对会计报表和决算的真实、正确、合规、合法情况进行审计并签署意见。

4. 对严重违反财经法纪的行为进行专案审计。

为了完成对高等学校财务的审计活动，审计部门拥有以下主要职权：

1. 检查有关的会计凭证、账簿、报表、决算、资金、财产。

2. 查阅有关的文件、资料，召开或参加有关会议。

3. 对有关人员或问题进行调查并索取有关材料。

4. 提出相关意见和建议。

5. 对各种不按规定、违反财经法纪的人员或做法采取处理措施，并向有关领导部门反映审计结果。

高等学校内部审计工作有以下几种组织实施方法：

1. 系统审计

系统审计是根据学校办学特点，组织有关基层单位针对特定项目，系统开展审计活动的一种方法。

2. 专题审计

专题审计是分别按各个职能部门所主管的业务，开展专题性内部审计工作的一种方法。

3. 同步审计

同步审计是在同一时间内，对两个以上所属单位审查内部相同业务的一种内部审计工作的组织方法。

4. 轮回审计

轮回审计是把下属单位按邻近原则，划分成若干片区，成立片区审计小组。片区审计小组在内部审计部门的指导下，按规定审计内容，有计划轮回对本片区各单位进行审计。

5. 审计调查

审计调查是针对本单位经济活动中带有共性和倾向性的问题，对不同下属单位进行内容相同的调查，以便摸清情况，及时为领导决策提供信息。

审计工作中还有一个重要的方面，就是以各项作业为对象，以审查各项作业财务上的合法性与经济上的合理性及有效性为目的的作业审计。例如，对引进某种仪器设备的作业，对进行某项教学改革的作业，都可以进行作业审计。作业审计不但要运用财务审计的一些方法，还要运用一些技术分析方法，如网络计划技术、线性规划技术、价值工程和价值分析技术等。作业审计不仅要审查与作业有关的财务问题，还要审查对作业的管理水平，它可在作业项目的事前、事中或事后进行。

审计工作中另一个重要方面就是合同审计。目前，随着高等教育的发展，高等学校与社会经济生活建立了越来越广泛的联系，与高等学校有关的各种类型的合同越来越多。合同是不同法人之间为达到一定目的，明确相互权利义务关系而订立的协议。它涉及有关法规、规定，需要就合同的合法性、有效性和完整性进行审计，因此合同审计对于保障合同双方的合法权益非常重要。具体而言，合同审计的主要内容有以下几个方面：检查合同管理制度是否健全；检查签约双方是否合格，是否具有执行合同的诚意和能力；检查合同内容是否符合有关法律、法令和条例；检查合同是否完备，措辞是否准确；检查合同内容是否可行。

四、高等教育的宏观调控

高等教育的控制不仅仅包括一些技术性的环节，而且在发展过程中与制度性的宏观调控水平高低有关。这种宏观调控对高等教育发展的影响力往往更为深远。这里所指的宏观调控手段包括高等教育立法、高等教育政策、高等教育财政拨款等。

（一）高等教育立法

长期以来，中国高等教育管理与计划经济相适应，高等教育接受中央集中统一领导，法律的效用实际并不明显，所颁布的有关法规大多以"暂行条例""试行草案""讨论稿""纲领""通知""指示""会议纪要"等形式出现。这些法规缺乏法律应用的稳定性和科学性。高等教育法规变化频繁是高等教育平稳发展的又一大障碍，这体现为对管理制度规定的措辞经常性的变化。同时，对措辞本身的解释通常也模棱两可、不够准确，自然也就缺乏可操作性。另外，从法规的内容看，也有失全面。这表现在法规内容调整教育内部关系的多、调整教育与外部关系的少，规范学校的多、规范教育行政部门的少，法规的限制性条款多、保护性条款少，义务多、权利少，如很少具体明确学校、教师、学生的办学权、教学权和学习权。

（二）高等教育政策

市场经济条件下，高等教育也受制于市场这只"无形的手"的控制。高等学校以自己的办学特色多样、专业各异展开生源市场的竞争；政府与高等学校之间通过科研成果的买卖关系，使后者从前者那里获取研究经费，促进学术水平的提高；学校通过对教师和行政人员的评聘，促进学校内部办学机制的改善，形成不同的学校类型、学科及教育层次。那么，在法律形成滞后时，政府的高等教育政策必须适时做出调整，以保证上述高等教育运作的顺利进行。实践表明，如何保持行政干预（以政策形式）与市场调节的平衡是一个重大而棘手的课题。对于习惯于计划经济思维模式的决策者来说，要真正具有适应并驾驭市场的能力，还有很长一段路要走。尤其是在当前形势下，对高等教育本质的认识在不断深化，很多人习以为常的观念将受到形势发展的强劲挑战。高等教育政策理应更有前瞻性，而不是滞后于形势的发展。高等教育的决策过程必须走向科学化、规范化。政策的实施过程必须有强有力的制度保障和监督，否则，政策实施过程中将避免不了长官意识、阳奉阴违，高等教育政策的宏观调控作用不但不能得到发挥反而有可能误导高等教育的发展，造成高等教育质量和效益的下降。

（三）高等教育财政拨款

高等教育财政以其拨款的原则和标准来引导、控制高等教育发展的方向。例如，美国采取"卓越质量原则"，鼓励公平竞争，因而财政资助大部分集中到少数历史悠久、研究力量雄厚的著名大学，其中大多数为私立大学。此外，美国联邦政府还给高等学校其他形式的间接资助，如减少那些资助高等教育的个人或组织的税收等。在中国，科研经费的发放由有关机构、各级政府设立的多种科学基金组织，以课题项目方式向社会招标，高等学校、研究机构均可提出申请。事实上，各校获得经费资助的机会并不均等，一般教育部所属的重点大学往往获益较多。在"条（中央、地方）块（省、部委）分割"的管理体制下，部属和省属院校之间获得的科研经费存在较大差距。在这种制度下，由于缺乏足够的公平竞争机制，通过财政资助方式去引导学校质量走向卓越的愿望自然无法真正实现。过去几年，"211工程"的实施较好地将财政资助中中央与地方结合起来，体现了效率优先的原则。考虑到国家对高等教育有重点发展的要求，各省均对自己管辖的重点大学积极投资，扶植重点学科、专业，使高等教育与地方建设的关系更为密切。当然，这种资助方式的实效有待更长时间的检验。就目前形势而言，高等教育资助中仍然存在如何公正、公平、公开配置有限资源的问题，一些地处较发达地区的高等学校因为新的资助政策，往往比那些处于落后地区的高等学校享受到更多的好处。在这种趋势下，高等教育必然只能走"非均衡"发展的道路，但问题的关键似乎已不仅仅在于资助方式本身，高等学校自主发展空间和权利将是决定性因素。

第三节 高校大学生教育管理现状

一、高校大学生教育管理的现状

（一）空洞的制度管理，缺乏有效的教育

高校一直以来都以强制性的方针政策及各项管理规章制度监督管理学生，以达到统一管理的目的。但是在这种管理体制下，学生缺乏主动自我管理，从而形成了消极态度，更培养不了良好的学习习惯。这样不仅难以把行为规定内化作为他们对自身的要求，而且容易引发各种矛盾。

（二）管理意识加强，服务流于形式

高校学生管理工作的进行都是为了更好地服务学生，因此身兼双职的学生管理工作，即管理与服务学生，一直都难以平衡两者的关系。因为在日常的工作行为中，更加强化管理，而为学生做好服务往往流于形式，对学生学习、生活、感情、就业等方面缺乏真正的帮助和引导。

（三）管理的手段单一

对于违规违纪和成绩落后的学生，辅导员往往是站在学校的立场进行说教式的批评教育，采用取消评奖评优等处罚的手段。对于大学生来说，他们常以不配合或沉默的方式来抵触这样的管理方式，直接影响学生的教育管理工作。在激励方式方面，过于集中在评优资格和德育加分，无法达到教育管理的真正目的。

二、大学生教育管理方式的创新

（一）推行导师制管理模式，营造高校全员育人氛围

可在校级层面成立导师制工作指导委员会，协调指导各学院导师制工作，而各学院可在学生工作组机构下增设导师制工作小组，动员本系有资历的专业教师，鼓励具有博士学历的青年教师参与到导师工作当中，充分利用年长教师的工作经验和年轻教师的工作热情帮助来引导本科生顺利完成学业。导师可以按 1∶10 的比例兼职指导本科生，导师也可根据工作需求，使所带的高年级研究生担任本科生班主任共同参与到学生的管理

当中。由于学院思想政治辅导员更多的是将工作重心放在学生的思想和生活中，导师可将重心放在学习方法的掌握、课程设计、学科竞赛和专业论文的指导之中，倾听学生心声，了解学生动向，根据学生意见及时调整授课方式和课程进度，并将掌握到的学生状况定期反馈给辅导员，让学生、教师等参与到高校教育管理中，通过沟通、协调、参与决策等方式，建立一种"学校管理—多方参与"的新教育管理模式。这种管理模式有利于充分营造师生互动、研本互动、教学互动的全员育人的氛围。

（二）设立家长委员会制度，形成家校共管格局

设立家长委员会，通过学院牵线搭桥，设立本地家长委员会和外地家长委员会，鼓励家长参与学生课余安排和学习生活的监管。对于外地家长委员会，定期通过网络会议集中交流，明确各自在学生管理中的职责和分工；对于本地家长委员会，定期邀请家长来校与学院领导、辅导员共同座谈，研讨学生引导方法，遇到高校管理中的重大问题共同商讨、交换意见。家长真正参与到高校发展和学生管理当中，建言献策，增进交流，改进教育管理方式，明确共同责任，同时，这也有利于充分利用家长资源为本校学生推荐就业单位。

（三）推进宿舍管理创新，实行公寓化管理

宿舍不仅是学生课堂的延续，也是学生生活和休息的场所、娱乐的天地，更是信息获取的窗口和思想交流的渠道。一般来说，同一个专业班级的学生宿舍较为集中，这就为以宿舍为基础的管理提供了便捷。可以精简传统的学生会组织，并将其职能界定在应对学校各级部门布置的任务上。同时，成立以公寓为阵地的学生公寓管理委员会，将其职能界定在学院内部日常事务的管理上，通过挑选学院中成绩优异、待人热情，又有一定办事能力的学生担任委员会常任委员，以公寓中各宿舍舍长为流动委员，设立《公寓管理委员会工作制度》，通过征求公寓全体成员意见制定《学生公寓自治管理条例》，在此基础上进行管理。

（四）促进德育方式多样化，寓教育于实践

在德育工作中，高校应当在课堂教育之外开展广泛的校企合作，在多家合作企业设立多样化的德育教育基地，分批次分季度带领学生参观不同类型的企业，感受多元企业文化，增强学生的社会认知度和责任感；定期邀请企业成功人士来校开办讲座，进行励志教育；利用签约企业在高校设立专项奖助金的颁奖仪式对贫困生和获奖学生进行感恩教育；高校还可以与兄弟院校开展长期性的交流合作；每月互派学生交流走访教育基地，实现资源共享、教育共进；可设立表彰专栏，每月收集本院学生所做的好人好事，按贡献值大小划分等级，利用张贴红榜、综测分奖励等形式予以公开表彰；在暑期社会实践以及课程实习中，领队老师可设立团队任务，让学生在具体实践中体会到团体协作的重要性，增强学生的集体主义精神；高校职能部门老师还可推荐相关学生团体与省市红十字会、消费者协会等社会公益组织对接，让学生走进社区切实为人民服务，把书本上条框式的德育教育带到生活之中，把德育工作孕育在社会实践之中，使学生在实践之中受到德育熏陶。

（五）善于发现优点，开展赏识型教育

对于犯错误、学业成绩不理想的学生，辅导员可以尝试开展赏识教育，以共同探索问题为目标，将批评转化为表扬。辅导员在谈话前充分发现学生的优点，在谈话时首先对其优点加以评价和赞扬，通过表扬缓解学生对老师的抵触心理，然后与学生一起回顾整个事件，让学生回想当时的动机以及真实的想法，说出自己的理由，然后引导学生说出正确的做法，待学生认识到错误后进一步表达对学生能改正错误的信任，以及能发扬自身优点的期待，最后，在相互理解与信任的基础上与学生共同制订个性化的目标管理方案。发挥学生的主体作用，变批评为赏识，以情动人，能进一步激发学生成功的信念，使学生进入"初步成功—获得初步成功的体验—自信心增强—产生较强的成就动机—获得较大的成功—获得较深刻的成功体验—自信心进一步增强"的良性循环。

对于大学生的教育管理，高校应当变革传统的教育理念，拓展育人工作思路，创新教育管理方法，不断提升大学生教育管理工作的质量和水平。

第三章　教育管理发展趋势

第一节　教育管理发展的历史与现状

我国现代教育管理的发展路程是曲折的。清朝末年，随着现代学堂的兴办，教育行政官员、学堂主持人和师范学堂的师生，开始学习和研究教育管理的理论和方法，标志着我国现代教育管理研究的兴起。它与西方国家教育管理研究的兴起，在时间上大体是同步的。

20世纪30年代至40年代，清末民国派出的留学生陆续回国，其中一部分人深入农村，进行教育实验和改革；另一部分人到大学任教，进行理论研究。这两部分人的结合，使我国的教育管理研究一度相当繁荣。例如，出版了200多部有关教育管理方面的著作，各大学的教育系和中等师范学校普遍开设了教育管理类课程，教育管理研究和实验有了初步的研究。

十一届三中全会以后，我国教育管理的研究重新起步。从1980年出版第一部供校长培训使用的《学校管理》教程开始，到目前为止，我国正式出版的各种教育管理类论著已有数百部；普通高等学校、教育学院及中等师范学校，相继恢复教育管理类课程；成立了全国性的教育管理学术团体——中国教育学会教育管理分会；形成了一支研究人员、教学人员和中小学校长相结合的研究队伍。可以说，现阶段我国的教育管理研究，无论是专著的数量和质量、队伍的规模和结构，还是学术研究的深度和广度，都已超过以往任何时代，达到了相当高的水平。

我国现代教育管理研究是从学习外国开始的。清末，随着新学堂的开办，要求行政官员和学堂主持人懂得新学校的管理方法。为了适应这种要求，翻译了若干外国的教育管理方面的论著，主要是日本学者的著作。由于日本教育管理受德国公法型理论的影响很深，所以我国教育管理的研究，开始也是着重介绍教育的法规和法律，基本上是照抄外国，没有自己的专著，更谈不上本国的特色。到20世纪二三十年代，我国涌现出一批自己的现代教育专家。他们多是留学归国的学者，了解西方的教育管理理论，他们引进外国教育和教育管理的先进思想，但不照抄外国的理论。他们深入农村，搞教育实验，有选择地把外国先进的教育和教育管理思想与中国教育实际结合起来，加以改造，形成有中国特色的教育和教育管理思想。陶行知先生就是其中的突出代表。陶行知先生是杜威的学生，但他没有照搬杜威的实用主义教育和教育管理思想，而是从中国的实际出发，把杜威的"学校即社会""教育即生活""做中学"改成"社会即学校""生活即教育""教学做合一"，体现了现代教育管理面向社会、面向生活和"知、行"统一的基本原理，摒弃了实用主义的消极影响。陶行知先生的教育和教育管理思想，是中国教育的宝贵财富，陶行知先生则是我国教育管理研究人员的典范。现代教育管理研究的重要任务之一，就是要发扬具有中国特色的教育管理思想。

在教育管理研究发展的过程中，不能完全照搬、照抄外国的经验或思想，在这方面我们同样有过惨痛的教训。其中，全盘否定教育管理学的科学体系，在所有师范院校取消教育管理课程，就是最突出的例证。这一错误决策，对我国教育管理研究是一次摧毁性的打击。正是由于这个原因，我国教育管理的研究倒退了几十年。

教育管理研究的重新起步，是从总结我国教育管理实践经验开始的。重新起步后的我国教育管理研究，是沿着两个方向发展的。一个是继续从总结我国教育管理经验入手，逐步加以抽象概括，形成理论框架和体系；另一个是吸取外国企业管理的理论，加以改造，移植到教育管理领域，形成另一类理论框架和体系。这两个方向的研究，对我国教育管理理论的发展，都做出了重大贡献，但也各有其完善的余地。经验上升为理论，需要经过艰苦的总结、研究、概括和抽象的过程。而理论的移植，则需要处理一般管理理论的共性和教育管理理论的特性之间的关系，这也并非易事。

20多年来，我国教育管理研究有了突破性的进展，但也存在着弊端。对教育管理研究的现状应如何估计，这是理论工作者和实际工作者共同关心的问题。目前我国教育管理存在的问题主要表现在两个方面：在经验总结方面，由于近年来教育管理，特别是学校管理实践没有新突破，素质教育只停留在宣传层面上，远没有深入实际管理领域，因此近年出版的专业著作较少，理论研究处于停滞状态。在移植外国管理理论方面，所介绍的多为20世纪80年代以前的理论（包括20世纪20年代兴起的泰勒科学管理理论、20世纪30年代兴起到60年代完善的行为科学理论和20世纪70年代后形成的"管理科学丛林"等），且缺乏必要的分析。对国外20世纪90年代后最新的管理理论，则很少介绍，学术研究同样滞后。

这就是我国现代教育管理的历史和现状。学习历史，可以以史为鉴；了解现状，则可以推进教育管理的改革，其共同目标是加快我国教育管理现代化的进程。

第二节　现代教育管理的发展趋势

教育的现代化，必然要求教育管理现代化。展望教育管理的现代化趋势，大致包含以下几方面内容。

一、管理信息化

人类将进入信息化时代。信息传播的广度和速度必将促使教育管理发生深刻的变革，教育管理研究要为信息化时代的到来做好准备。

（一）信息化是世界各国的发展战略

信息化是世界各国共同关心的问题。目前，信息化在一些国家和地区，不只是一种发展趋势还已成为现实。信息化是在一定思想指导下，以现代信息技术（多媒体计算机和网络系统）为基础，促使人们参与、改善、创造、服务和享受现代生活的过程，它包括经济信息化、政治信息化和生活信息化三个方面。按照世界公认的标准，经济信息的60%～70%、政治信息的50%～60%、生活信息的40%～50%通过互联网获得的社会，可称为信息化社会。如果承认这一标准，美国已经在20世纪90年代进入信息化社会，而西欧和日本等发达国家也在2000年进入了信息化社会。我国要在工业化的过程中，实现社会信息化，必须要走跨越发展的道路。

（二）信息化对教育管理的深刻影响

教育信息化是以现代信息技术为基础的新的教育体系，这个体系包括教育观念、教育组织结构、教育内容、教育形式、教育文化、教育管理和教育评价等方面。因此，不能把教育信息化单纯理解为计算机化，也不能理解为网络化。教育信息化对教育管理必将产生更深远的影响。

信息化必将促使教育管理观念的变化。对医务人员来说时间就是生命，对军人来说时间就是胜利，对科技人员来说时间就是研究成果，对经营管理者来说时间就是财富等。在信息化社会，由于信息传递的空前加速，人们会更加珍惜时间，强化对时间的管理，把握时代特点，强调创造时机、抓住时机、充分利用时机，在强调质量的同时，最大限度地提高管理效率，这些观念将得到广泛的宣传和认同。管理的节奏和速度将加快，效率将提高，官僚主义作风将会被时代所清除。对教育管理来说，随着信息技术的普及和网络技术的发展，必将提升教学环境信息化程度；由于信息化使教育时空得以延展，所以师生除课堂外，可以通过网络进行更广泛的教学交流，教学中学生的主体地位愈加明显，教学的全面、全员、全程管理的观念将进一步强化；信息化促使教育内容数字化，必将推动学校课程管理的改革，那种大一统、一纲一本的课程体系，将被统一课程标准下的一纲多本、多纲多本和更多的校本课程、地方课程所代替，信息化将为各地、各校选择课程和教材提供条件，使生动活泼的课程管理理念变成现实，使学校管理组织结构发生变革。

（三）教育管理要为信息化做准备

我国社会信息化应建立在青少年普及信息技术教育的基础上，与普及九年义务教育、发展高中阶段的教育和高等教育大众化共同实现。我国目前有两亿多学生，今后十年还将有两亿多学生接受各级教育，如果我们能在这四亿多青少年中普及信息技术教育，社会信息化就有了坚实的基础，这就是我们的发展战略。

每一种新的技术革命，都会对教育产生深刻影响。教育需要知识共享，而网络化则能充分满足这种需要。随着网上课程、校园网络的兴起，学校管理必将发生深刻的变革。这种变革的核心是提高学校管理的质量和效益。网络教育管理将充分利用教育资源在世界范围内实现资源共享，推动教育全球化进程；加强教育交流，强化学生自主学习，形成新的师生关系，真正形成学校、社会、家庭教育一体化；建立终身教育体制，促进教育社会化；通过网络技术，提供虚拟环境，解决教育教学的疑难问题并使个性化学习成为可能；等等。这些都为学校管理研究提供了新的领域、新的课题和新的研究成果，这将使我国的学校管理研究，在全球化的背景下获得新的突破。

目前，我国的学校管理还不能适应学生信息技术教育的需要，各级校园网信息库的内容，多系教育新闻、教育行政、教学改革、教育科技、教育法规、复习考试、试卷辅导等，缺乏学生学习、生活服务的内容，不能体现为学生服务的基本功能，难以引导学生主动学习。学生既然在校内网络查阅不到自己需要的学习资料，参加自己感兴趣的游戏，就只好到社会"网吧"去寻找刺激了。据调查，我国学生上网的内容是：60.7% 玩游戏；31.1% 网上聊天；29.1% 影视文艺；27.9% 体育动态；27.5% 新闻；24.3% 发电子邮件；18.6% 下载文件；5.7% 卫生保健。美国学生上网的内容是：67% 获取信息；65% 玩游戏；49% 网上聊天或通过论坛发广告；48% 开展学习研究；46% 下载学习资料。通过对比可以发现，目前我国学生上网的主要目的是玩游戏，美国学生上网的主要目的是学习和研究。这一差别应引起重视，它提醒我们，无论在建网、建库还是建校网的过程中，都要体现学生学习的功能。为了吸引学生在校内上网，学校除展示丰富多彩的学习软件外，也可开发适合学生的游戏软件，组织学生自我服务、加强学生的自我教育和自我管理。

教育信息化最突出的问题是师资问题。目前我国不仅信息技术教育的专职教师短缺，而且校长、教师的信息技术知识的整体水平较低，其状况是校长不及教师，教师不及学生，这种倒挂现象将严重影响我国教育管理现代化的进程。因此，教育部门要加强校长和教师信息技术的培训，将这种培训纳入校长和教师继续教育的范畴，使校长和教师适应教育信息化的要求，赶上时代前进的步伐。

当然，任何一种新的技术也都具有两重性，网络教育也不例外。通过网络，我们可以从国内外吸收最新的理论、最先进的思想和最实用的经验，但同时我们也可能脱离我国实际情况追求新颖，使错误思想和有害做法得以传播。网络化管理要求减少管理层次，提高工作效能，提倡"一半乘二再乘三"效应，即减少一半人员，增加一倍工资，使在岗人员工作效率提高两倍。这虽然能提高管理效率，但是也有其缺点。例如：人不是时间的奴隶，更不能成为工作狂。人的生活除工作外，应变得更丰富多彩，不然被科学进步而解放了的个性，将会被新的科技进步所淹没。网络化教育使学生交流面越来越广，这会使学生知识更丰富，但是，学生是不成熟的主体，他们的可塑性往往会受无限制的各种错误思潮和信息的影响。因此，对学生要加强引导和管理，否则会产生相反的效果。美国新泽西州的教育测验中心对全美 4000 名 4 年级和 8 年级学生的调查发现，许多学生通过电脑网络互相抄袭作业，大部分作业内容都是是从网上下载的。美国教育心理学家希利则认为使用电子科技学习，会使学生变成只会操作机器的冷血人，而缺少头脑思考和组织思维能力，影响学生的身心健康和发展。因此，在我们研究网络教育的同时，要预防其消极影响，特别要防止网络考试、网络不良影响、网络犯罪等。在我们进入教育信息化之前，学校教育和管理要先行研究理论，要制订必要的法律法规，完善教育管理制度，从理论和实践上为教育信息化做好准备。

二、管理民主化

民主是社会主义的本质，发扬民主是我国学校管理的基本原则，民主化是学校管理现代化的主要内容之一。民主化对上级教育行政部门来说，就是简政放权，加大学校办学主权；对学校内部来说，就是校长要接受社区、家长和教职工监督，依靠教师办学；对教师来说，就是承认并不断提升学生的主体地位，增强学生学习能力，提高课堂学习质量，加强学生的自我教育和自我管理。

国家必须加强对学校的领导与管理，这种管理是宏观的、行政的、经济的和法制的。国家制订教育法律、方针和政策，对学校进行统一领导，把握学校管理的方向；国家制订各类规划、计划、质量标准对学校进行宏观调控；国家通过教育拨款，限定学校的发展速度和规模等。这些都是国家教育行政部门的基本职能。过去国家教育行政部门对学校管得太多、统得过死，主要是过多地干预了学校业务的管理。因此，转变教育行政机关的职能，其目的是增强学校办学的自主权，促进学校管理民主化。

学校管理民主化，要求校长具有办学的自主权。校长在国家统一的教育方针的指导下，必须要有自己的办学主张，这样才能把学校办出特色。校长的办学思想，是在办学实践中形成和发展的。只有坚持特色的管理实践，才能形成有特色的办学思想；只有在有特色的办学思想指导下，才能使学校办出特色。可见，无论理论还是实践，都要求校长具有办学主动权。学校管理要体现国家教育方针的共同性与学校实际特殊性的统一。教育方针是全国统一的，违反这个统一性，就背离了社会主义教育的基本原则。贯彻教育方针要切合学校实际，从本校实际出发的学校管理，才具有创造性，而发挥学校的创造性是管理民主化的主要目标。学校管理要体现办学特色与办学高质量的统一。高质量办学是学校管理的出发点和归宿，离开了高质量，管理民主化必然会走上形式主义的道路。

三、教育终身化与教育管理的整体优化

终身教育思潮发端于 20 世纪 60 年代初，它的影响很快遍及世界各国，成为教育和教育管理战略决策的主导思想。它强调建立学习化社会，而终身教育则是学习化社会的基石。

终身教育认为，教育应伴随人的终生，活到老、学习到老，教育贯穿人生的全过程。社会应是全民学习化的社会，教育必须在时间和空间上重新规划其活动，使其不再局限于学校制度，而应涵盖社会的方方面面，使整个社会、经济活动都为实现教育的宗旨服务。终身教育思想对教育管理现代化必将产生深远的影响。

（一）确立终身学习的教育管理理念

终身教育从根本上扩展了人们对教育管理的认识。从纵向分析，它包含各层次教育的管理，包括学前教育、初等教育、中等教育和高等教育的管理；从横向分析，它涵盖各方面的教育管理，包括普通教育、成人教育、职业教育、学校教育、社会教育、正规教育和非正规教育的管理。为了适应终身教育的需要，应使各层次和各方面的教育相互配合、衔接和融通，形成立交桥式的管理，确立整体优化的教育管理观念。

终身教育是每个公民的需要，也是每个公民的权利。国家要创造条件满足公民终身受教育的需要和权利，教育管理要促进终身教育的发展；教育行政部门要制定教育无条件向全民开放的法律，使各种年龄、性别、民族、国籍、肤色的人都能受到所需要的教育；学校管理要更弹性化、生活化，使各年龄阶段、各工作岗位、各职业类别的人能分别接受相应的教育。因此，终身教育管理的目标应多元化，组织学习的方式应多样化，学习时间的安排应自主化，学习的过程应个性化并且要与工作、生活紧密结合。

（二）建立网络化学习环境

教育信息化为终身教育提供了极有利的环境，使终身教育从理想变成了现实。终身教育所追求的目标是"人人学习、事事学习、时时学习、处处学习"，这样的学习，只有在信息化、网络化的条件下，才能真正实现。通过网络及其管理，学生可以自主确定学

习内容，设计学习过程，选择学习方法，师生之间可以超越限制，经常实现教学互动。

为了使学生适应终身化学习的需要，学校要通过信息技术教育，在学生掌握信息技术教育知识和技能的基础上，促使他们将信息技术教育与德、智、体、美、劳等教育进行整合。在全面发展的同时，培养通过网络进行学习的能力，包括通过网络获取、储存、处理、发布和交流信息的能力，适应网络技术发展使技术升级的能力，在纷繁复杂的网络信息面前区分良莠、是非的判断能力，根据社会标准自觉遵守网络道德的能力。

学校管理要有利于学生上网学习，要帮助学生正确处理传统课堂学习与现代上网学习的关系。一方面要防止学生因迷恋网络信息而影响正常课堂学习，另一方面要避免用加重课外负担来组织学生上网学习的机会。学生上网学习是一种教育、教学进步的趋势，应当积极引导学生学习和参与，要将他们进网吧玩游戏的积极性转化为上网学习的积极性。学校需通过组织各种生动活泼的活动，吸引学生参加网上学习，通过查询学习资料、研究学习问题、交流学习经验、发布学习成绩等方式，激发学生学习兴趣，培养终身学习的能力。

第三节　教育管理现代化的理性思考

一、关于向外国学习

经济全球化是不可阻挡的发展趋势，这种趋势不仅要改变经济运作的格局，而且会对科学技术、文化教育，直至政治产生深刻影响。当今世界，国家、民族和地区之间，不只强调差异和矛盾，更应重视全球的共同命运。

随着我国加入世界贸易组织和举办世界奥运会，我国教育融入世界教育改革与发展主流的进程必将加快，对学校管理的理念、思路、形式和方法也会产生深刻影响。在全球化浪潮下，从教育管理的角度分析，许多问题值得我们冷静思考，而怎样向外国学习的问题，就是其中最突出的问题。

教育管理研究过程中，要认真学习和有选择地吸收外国的教育管理思想。所谓"有分析"主要指两个方面：一是研究当代管理思想的新变化，吸收最新、最先进的教育管理思想；二是吸取外国教育管理思想指导实践获得的经验和教训。

随着政治、经济和文化的发展变化，西方 20 世纪 90 年代的管理思想有了新的发展。为了更具体地了解这种变化，我们将其管理思想，进行了前后对照比较。

在管理科学的对象上，原来认为，管理的依据是科学，研究管理是为了揭示管理规律，并严格地按照规律所确立的原则进行管理。现在认为，管理不仅要依据科学，还要讲艺术，要提倡管理艺术的创造性。同时，学校管理还是一种技术，校长的培训，要重视管理技术的培训。

在管理的目标去向上，原来认为，管理的对象是组织，而组织具有共同的目标，管理就是为实现共同目标而奋斗。现在认为，组织要有共同的目标，但组织的共同目标，往往是反映一种理想的追求，带有口号激励的色彩，难以具体操作。而个体的目标，则是千差万别的，生动具体的，易于操作的，管理应定位于协调组织目标与个体目标的关系。

在管理的组织结构上，原来强调严格的组织层级划分，即按照层级原理进行管理。现在主张组织结构扁平化，强调岗位间的协作和人员的一专多能，强调人员终身学习和建立学习型组织，其目的是加速信息的传输和人员的流动，提高管理效率。这种管理思想，也叫"企业重构"或"组织重建"。有人认为，"组织重建"的思想是继泰勒的科学管理、戴明的质量管理之后，西方管理思想发展的第三个里程碑，可见其重要性。它理论的基点，是在质量管理的前提下，重新强调管理的效率。

在管理决策的过程上，原来认为决策要严格按规律办事，决策过程是纯中立的理性过程，不允许有任何主观偏向。现在认为管理过程是科学规律和价值观共同发挥作用的过程，不是纯粹理性中立的过程。管理过程与决策者的特定环境压力、从众心理有关，还要受原有经验、价值观、文化背景、既得利益等非理性因素的影响。在某些场合下，决策往往是不同利益群体较量协调的结果。

在管理的程序上，过去一贯宣扬"民主化"，甚至教师对学生进行个别思想工作，也被认为是侵犯学生人权。这样做的结果，使学校纪律涣散，甚至发展成课堂暴力。近年来，认为民主不是绝对的，它往往与权力决策产生矛盾，因此民主决策要与领导决策相结合。如美国的学校管理中，为了整顿纪律，要求师生接受三个基本原则：国家利益受到侵害时，没有个人自由；学校公共利益受到侵害时，没有个人自由；课堂纪律受到破坏时，没有个人自由。这些变化，也反映了西方管理思想的新发展。

过去我们在教育管理理论中移植的外国管理思想，多是历史上曾在教育管理中发挥过作用的思想。其中当然有非常正确的思想，但是，我们对外国当前管理思想的发展和变化缺乏研究。正因为如此，我们就很难全面把握先进的理论和准确运用外国的经验。另外，我们在引进某种管理理论时，缺乏认真分析，特别是某些曾经在教育管理领域运用过的理论，没有全面了解运用过程中的经验和教训。因而，当我们把这些理论运用于中国教育管理时，容易出现错误。学习外国管理思想，即使是最先进的思想，也要认真了解其在教育管理领域的运用情况，吸收其成功经验，避免重复错误。

近 20 年来，我们引进了不少外国的管理思想，主要有三类，即 20 世纪 20 年代兴起的泰勒的科学管理理论，20 世纪 30 年代兴起 50 年代完善的行为科学理论和 20 世纪 70 年代后形成的"管理科学丛林"。这三类管理理论，在外国，特别是美国的教育管理中，都曾经运用过，运用中有成功的经验，也有失败的教训。20 世纪 20 年代的美国，工业化的进程很快，企业界由于对国家做出了贡献，显得十分自豪，但社会对教育存在偏见，认为它是纯消费行业。教育界的一些学者，为了证明教育对社会的贡献，也为了改变传统的教育管理方法，开始将泰勒科学管理的方法运用于教育。运用的结果，在宏观教育管理，特别是在教育统计分析方面是成功的，它证明了教育投入的社会效果，说明了美国的进步得益于教育。这一结论，对增加政府的教育投入，促进美国教育的加速发展，起到了积极作用。但在微观学校管理方面，运用是不成功的。他们认为，教师不是雇佣劳动者，任何压制和约束，都不能替代教师创造性的劳动。行为科学在教育领域的运用，更加普遍，它注重情感因素对教育管理的作用，其实效是非常明显的。但在美国，过分强化情感在管理中的作用，结果削弱了学校制度和纪律，影响了教育的质量。片面强调情感和个性，也会产生不良后果，包括系统管理、过程管理、目标管理、质量管理等被统称为"管理科学丛林"的思想，也在美国教育界运用过。20 世纪 80 年代，正当这些管理思想盛行，并在企业管理获得成功的时候，教育界认为，在企业管理中能如此成功的思想，为什么不能推广到教育管理领域呢？于是派了一些优秀企业家到学校担任校长，但后来多数未能成功。他们认为，对人的管理和对物的管理，是有本质区别的，把对物的管理思想运用到人的管理中，需要十分慎重。

二、关于发扬本国优良传统

我国教育管理有着丰富的经验和优良的传统，教育管理研究，要以这些经验和传统为基础，为弘扬民族教育管理优良传统和先进经验做铺垫。

我国的教育改革，虽然次数较多，但成效并不显著。究其原因，主要是经常把改革建立在否定过去的基础上，要求"破"字当头，过分夸大存在的问题以说明改革的必要。其实，改革应当以发扬成就为前提，在方法上，应先立后破。中国是一个有众多学生的国家，历史的经验告诉我们，任何一种教育或教育管理的改革，如果不总结发扬过去的成功经验，不经过充分论证、长期实验和反复试点，则成功的可能性不大，而消极影响往往是长久的。

中国教育管理的实践经验是非常丰富的。教育管理研究一定要把总结中国成功的教育管理经验放到最重要的地位。国外在教育改革的过程中，非常重视对我国中小学办学思想的研究，如中国和谐的家庭教育、科学严格的班级管理、规范的制度教学、刻苦的求学精神、严格的考试考查制度等，都是外国学者认真研究的内容。拿基础教育来说，美国近年基础教育的教学改革，正在实施几条最重要的措施：第一，编制全国统一的课程标准和州一级的通用教材；第二，取消免试升级、升学的制度，逐步实行严格的升级、升学考试制度；第三，实行州一级的统考和学校考试质量评估制度，把评估的结果，作为国家对学校拨款多少的依据；第四，国家拨专款，为双职工和单亲子女实行节假日补课的制度；第五，实行"家长择校，学校问责"的制度，强化社会和家长对学校管理的监督。不难看出，他们这些做法，主要是学习我国的经验。但是，美国在学习别国的同时，并没有丢掉自己注重培养学生个性、重视实践能力和让学生主动发展的教育优良传统。相反，越是强调全球化、国际化，他们越重视本国教育的优良传统。因此，我国进行教育改革，一方面，要认真学习外国的优秀思想和经验，将其融合于我国教育的优良传统之中。另一方面，教育改革不能以否定本国教育优良传统为代价。我们的许多思想，如教学为主、依靠教师、全面发展、因材施教、重视德育、强调基础知识和技能、严格考试考评等，不能轻易放弃。教育改革要建立在发扬本国成功经验的基础上，改正确实存在的弊端。

三、正确处理我国教育管理研究中理论与实践的关系

关于我国教育管理研究的理论与实践的关系，我们要从我国教育管理研究的一种基本趋势来认识，即我国教育管理研究要从简单的管理经验总结和简单的企业管理理论移植，向深层次理论与实践结合的方向发展。

在学校教育管理过程中，人们往往把理论与实践的关系，理解为一种直通关系，以为只要掌握了某种正确理论，形成了某种先进理念，就能直接指导教育管理实践；或者以为学了某些先进的教育管理经验，就能直接在本单位运用。前者认为优秀教育管理者是学出来的，只要学好理论，转变观念，就能管好教育；后者认为优秀教育管理者是做出来的，只要在实践中获得经验，就能管好教育。其实，优秀教育管理者，既不是学出来的，也不是做出来的，而是在教育管理实践中，通过理论与实践的结合，认真执行实事求是思想路线的结果。

理论与实践的结合，其结合点是研究。不经过研究，管理实践经验很难上升到管理理论。同样，不经过研究，一种先进的管理理论，也不可能直接指导教育管理实践。研究是一个长期、艰苦的过程，其中包括对历史经验的总结、对外国理论的比较分析、深入全面的教育管理实验和教育思想观念的转化等。

我们是从理论与实践相结合的角度来认识教育管理发展的基本趋势的，同样，我们也要以理论为指导从现实出发，总结历史经验和教训，推动我国教育管理研究继续发展。

第四章 学校教学管理理论与实践研究

学校是进行教育、培养人才的社会组织。教学是学校工作机制中的主轴，在实现学校教育目标的全部工作中处于中心环节，是完成教育计划、实现教育目标的基本途径。学校有不同的层次也有不同的类型，不同层次和不同类型的学校的教学管理内容和方法也应有自己的特殊性。

教学是以课程内容为中介的师生双方教学的共同活动，它包括教师教的活动和学生学的活动，是教与学的统一。在实现学校教育目标的全部工作中，教学是中心环节和基本途径，教学过程是通过教师有目的的、有计划的、有正确方法的施教，引导学生积极主动地掌握知识技能、发展技能，形成科学的世界观、正确的人生观和优良道德品质的过程。

教学管理是学校的管理者遵循教学规律和全面发展的教育方针，运用现代教学理论与现代管理理论，以及科学管理的方法与技术，通过决策、计划、组织、控制、公关、传播和创新等具体管理职能，充分激励教师员工的积极性与创造性，开展教学工作质量与产品质量创造活动，以达成学校教育目标的活动过程。教学管理工作的目的，是使教师不断地提高教学能力以更好地完成教学任务，在教学过程中发挥其主导作用；是学生在教师的指导下，在学习过程中主动积极地提高自己的认识能力，更好地完成学习任务，成为学习的主体。

第一节 教学计划管理与实施

教学计划管理是各级各类学校培养人才和组织教学的主要依据。教学计划管理是学校教学管理的核心内容。教学计划管理的作用在于：保证教学管理工作的目标、过程和效果与学校管理的总体目标相统一，并协调教学管理系统内各层次的目标、任务和行为。

一、教学计划的要素与结构

一个完整的教学计划一般包括以下四个基本要素：培养目标、课程设置、教育教学环节和学时安排，实施学分制的高等学校还有一个学分制分配。

（一）培养目标

它规定了培养人才的方向和标准，是制定教学计划的前提。培养目标决定课程的设置和教学内容的取舍，规定对学生的具体要求，也决定教育教学计划的安排。

（二）课程设置

课程设置是教学计划的主要内容。教学计划一般都规定为实现培养目标，如设置哪几类或哪几门课程。课程设置是培养规格在课程上的反映，它是实现培养目标的根本保证。

（三）教育教学环节

教育教学环节分为课程性教学环节和非课程性教学环节。课程性教学环节是课堂教学所采取的各种活动方式，包括课堂讲授、课堂讨论、习题练习、实验课等。非课堂性教学环节主要不是课程教学而是教育训练的其他各种活动方式，包括军训、公益劳动、生产实习、社会调查等。

（四）学时安排

学时安排是在教学计划中必须规定在一定学制下的学时安排。学时安排反映的是学生在各主要的教育和教学环节上应投入的时间和精力。学时安排包括课内总学时、课内周学时和教育教学环节等的学时分配。由于学制不同、时间长短不同，课内总学时数也不一样，以四年制大学本科教育为例，课内总学时规定为 2500 学时。课内周学时一般规定为 18~22 学时。

实行学分制管理的学校，在教学计划中还要规定学分的分配，学分是课时分配和教师工作量安排和计算的主要依据。

上述四个要素之间是相互联系相互制约的。培养目标决定着课程设置和教育教学环节。课程设置也对教育教学环节的安排起作用。学时安排是针对各门课程和各教育教学环节的，学分是计量课时分配的依据。课程设置、教育教学环节、学时和学分的分配综合影响着培养目标的实现。

二、教学计划的制订

学校教学工作也是一个系统，是由学校教学工作计划、各学科或科研组（室）工作计划和各学科教师工作计划三个层次所构成的学校工作计划体系。在学校和教研室之间还有个院系教学工作计划。学校教学计划体系，反映着学校教学管理的层次构成，对学校教学工作目标、任务和要求的层层落实具有控制作用，对师生员工进行教学工作的质量与产品质量（学生）的创造具有导向和保证作用。建立学校教学工作计划体系，首先要制订出体现教育方针和教育方向的、符合学校实际的、全面而具体的、具有操作性的学校教学工作总计划。总计划需提出学校教学工作的目标和标准，以及实现教学工作目标和标准的工作任务、要求、内容途径措施和方法，并做出实施计划的具体安排。其次学校各学科教研组（室）或各学院（系）专业教研室以及各学科专业的教师要在学校总计划的指导和控制下，制订出下面各层次以及各自的教学工作计划，以保证上下目标统一，相互协调一致，各方案密切结合。

（一）学校教学工作计划

学校教学工作计划是学校整体工作计划的主要组成部分。它根据学校整体工作计划中提出的整体工作目标、任务、要求和措施，制订出教学工作的详细计划，成为全校教学工作的总计划。它是在校长亲自主持和教务长（教务处长）的协助下，根据教职工讨论研究，上下结合而制订的。

学校教学工作计划的内容主要包括：

①本校教学工作基本情况和条件的分析与评价。

②学校本学年、学期教学工作目标、标准、任务和要求。

③有加强和改善教学工作领导，师资队伍建设，教法学法研究，改善课堂教学质量，完善管理制度，稳定教学秩序，开展课外活动，改善教学工作条件与充实教学设备等内容在内的具体措施。

④有工作项目、工作内容、时间安排及负责人等具体安排。

（二）专业或教研组工作计划

在学校教学工作总计划和教师的个人工作计划之间的这一结构层次的教学工作计划，由于学校层次和类型的不同有很大的差别。在高等学校，教学计划是按专业制定的。如果有研究生的培养任务，则要由培养研究生的专业制订本专业的培养方案。研究生进校三个月内，导师或指导小组要按培养方案的要求，并结合每个研究生的实际情况，根据因材施教的原则，制订出每个研究生的培养计划。

（三）教师教学工作计划

教师教学工作计划是各学科教师根据教学大纲的要求，结合所在班级学生的实际情况，在学校教学工作总计划和本教研组工作计划提出的目标、标准、任务与要求下，同本年级学科教师共同研究，在统一教学目的、教学任务、教学要求和教学进度的基础上，由各任课教师认真思考制订的。

（四）教务管理

教学计划制订以后，就要组织实施教学计划。教学管理的大量工作在于教学计划实施过程中的教务管理。其根本任务是根据教学计划将各年级的各种门类的课程，通过教师和教材的投入，科学、有效地将其组织为有序、高质量、高效率的教学过程，实现教学管理目标。

1. 教学运行管理

教学运行管理的中心环节是编排和执行课程表，其首要环节是编制校历，其关键环节是制订开课计划，将教学任务落实到教师及有关人员。

制订开课计划的工作程序为：学校教务部门根据已制订的教学计划分配关于各年级的课程设置，确定各年级、班次本学期应开设的课程，给各学科教研组（室）下达教学任务通知书；教研组（室）根据教学任务通知书落实分配承担任务的教师。在教学任务落实后，要填报每一年级每一班次的学期教学工作日历，经学校批准后方可执行。课程表的编排是教学运行管理的中心环节，其作用在于将时间、空间（教室、实验室及其他活动场地）、人力（教师及有关人员）和设施合理地组织到教学过程中，使教学工作能正常运转，教学秩序能够稳定、有序。编排课程表时要注意均衡、合理地安排时间，合理地进行调度，以便提高教与学两方面的效率，提高教师及教学设备的利用率。

2. 教务例行管理

教务例行管理工作的主要内容分为两个方面：一是学生的学习管理，含编制招生计划，学生入学后编班，可发学生手册，组织复习考试，实施监考及学生补考等；二是教学过程管理，含编印课程一览表，组织并落实学期的各项工作计划，全面检查各科教学情况和教学质量，组织观摩教学，总结交流教学经验，评选和表彰优秀教学教师。

3. 教学档案管理

教学档案管理是教务管理的一个重要方面，也是教学质量管理的一项基础性工作，其内容包括以下几点：

教学档案资料管理。其目的是系统地分类储存有关教学质量、教学措施及教学效果、教务与教学方面的文件资料，为教学管理决策和教育科学研究提供原始资料。教学档案资料包括国家各级教育主管部门下发的有关文件，学校制订的全部教学管理文件、计划和材料，教师授课的教学档案及各种统计表、名册等。在教学管理部门、各教研室（各院系）要由专人或指定人员专管，具体负责经常性的档案资料收集、筛选、分类、保存、归档，防止损失。

教务统计工作也是教学档案管理的重要内容。其内容包括（系、专业）班级学生的学业成绩统计，招生来源及质量分析，学生在校人数统计，有关各种教学报表的分析整理等。有条件的应该要建立教学管理信息库，实行计算机信息管理。

学籍管理是教学管理不可缺少的重要内容。它是对学生入学资格、在校学习情况和毕业资格的考核和管理。其主要内容包括：入学资格审查和注册、升留级、转学、跳级、修学、复学、退学、考勤、奖惩、学业成绩管理等。学籍管理的政策性很强，必须严格按照国家教育行政部门制定的学籍管理办法及有关规定进行。

第二节　教学过程管理

一、教学过程管理的环节

（一）计划制订

切实可行的教学工作计划是学校教学管理过程中的第一环节，应力争做到：

①集思广益，统一认识。制订教学工作计划不应该是个人行为。个别管理者闭门造车制订出来的计划往往脱离实际。在制订计划时应按着"从上到下、从下到上"的程序进行。这样可以保证计划实施的合理性和可行性，使其起到"统一认识、统一意志、统一行动"的作用。

②目标明确，层层分解，责任到人。教学目标管理体制过程一般应该是：

学校工作目标管理→教务处工作目标管理→学科组工作目标管理→备课组工作目标管理→教师个人工作目标管理。

（二）实施

实施是教学管理过程的中心环节。在这阶段应做如下四方面的管理工作：

①组织工作。首先，建立有效的教学组织机构，即实行以年级组为基层行政组织单位，年级组和学科组交叉进行教学管理的体制，年级组对教育、教学实行全面管理，而学科组则主要负责组织、指导、协调、评价教师的教研工作。其次，建立和健全教学管理的规章制度，即修订或制订有关教学方面的一些制度，如备课、上课、听课、评课等标准及具体规定和要求等。这对规范教学人员的行为，调动教师积极性，提高教师队伍素质和教学质量可起到保证作用。最后明确规定各项教学管理工作的进程。

②培训工作。学校或教育行政部门每年都要举办各类教师培训班。如新教师岗前培训、综合活动课实验培训、课程设置改革实验培训、计算机应用培训等。

③指导工作。指导工作即上一级教学管理者根据工作目标、管理计划，对下一级管理者进行指导、点拨、帮助的作用。

④协调工作。协调工作即教学管理者在教学工作计划实施过程中，本着减少内耗、提高效率的原则，协调好教学管理系统内与外之间、组织与组织之间、组织与个人之间、个人与个人之间的关系。

（三）检查与评价

教学检查与评价是学校教学管理过程的中介环节。检查与评价的主要内容包括：教学工作计划实施的进展和效果；教学规章制度的执行情况；教学工作的质量分析；各级教学管理组织机构及其管理人员发挥管理职能作用的情况等。

（四）总结与处理

"总结"是对计划实施过程中的某一阶段或全过程进行分析，肯定成绩，指出不足，做出结论。总结中的一项重要工作是表扬先进教师，宣传推广先进的教学经验。"处理"就是把总结中得出的经验、教训运用于下一周期的教学管理活动中。

教学管理过程中计划、实施、检查与评价、总结与处理四个基本环节是紧密联系、相互渗透、相互促进的。它们一环接一环，共同构成一个有序、统一的教学管理过程。这一过程年复一年、连续不断周而复始。但新的教学管理周期不是对前一周期的简单重复，而是在更高意义上的一种发展——螺旋式上升。

二、优化教学过程管理途径

（一）树立质量意识，建设制度文化

意识是行动的先导，制度是操作的指南。学校要树立教学质量优先发展的观念，实施教育科研强师兴校的策略，开展务实过程并注重结果的行动；彰显行为文化，建设制度文化，优化管理措施。

1.完善制度

每学年重建或修改相关的教学质量管理方面的要求或制度。如教师学习制度、集体备课制度、课题研究制度、教研活动制度、教研评价制度、教师反思制度、教师备课制度、听课评课制度等，并不断完善教学质量考核制度。每学年学校把教学管理制度和教学计划装订成册，分发到每位教师手中，通过开展校本培训、校本教研、教学沙龙等形式组织教师认真讨论学习，深入领会精神，规范从教行为。

2.优化机制

学校依托教导处、督导室、教研组，成立教学质量考评小组，实施项目分层考核。教导处以"质量系数"为目标，用教学成绩来考核；督导室以"教学常规"为抓手，用教学过程来印证；教研组以"专题活动"为引领，用专业发展来促进。这样，既关注过程，又注重结果，建立了多方联动、共同互动、一起行动的"动态"教学质量管理监督机制。

（二）强化过程管理，建设管理文化

过程是结果的孵化器。只有经历了完整的过程，才会有丰富的体验和不错的结果；只有加强了教学过程的有效监控，才会收获突出的教学业绩和取得过硬的教学质量。

1. 抓实"教学六认真"

学生、教师、教材是影响教学质量的三大要素。教师是影响教学质量的关键因素，抓住了教师，教学质量就会在很大程度上得到保障。在教师这一环中，教学"六认真"显得尤为重要。因此，在"备、上、改、辅、考、研"等方面提出了明确而严格的要求，重点放在"备、上、辅、考、研"这五个环节。

（1）备——宽、深、丰

上课必备，精心预设；有备而来，临乱有策。要求教师参考相同内容、不同教材的编排意图，提高课时教材内容钻研的深度，掌握教材的特点、重点、难点、疑点。在个人独自备课的基础上，通过年级组教研活动开展集体备课的研究，同课异备集思广益，不断提高个人独立备课的质量。在教案的编写上，对刚从事教学工作不满十年的教师和在校不满三年的教师，根据授课计划每学时编写一个详案，开学提前写出一周余量，平时至少备有三课时余量。

（2）上——精、巧、准

学校要求教师巧设导语、精心设问，努力做到重点突出、难点突破、训练精当，抓好知识的重难点、技能训练点、德育渗透点。

（3）辅——信、效、明

学校要求教师对学习有困难的孩子倾注热情与耐心，多给予关爱。帮助他们找出缺陷与不足，分析形成的原因，明确努力的方向，树立学习信心，养成良好习惯。对孩子平时的学习加强检查，进行督促和帮助。新学期开始，任课教师必须在开学初根据上年考试成绩或者了解上学年任课教师，摸清本学科大部分学生的总体情况，针对每个学困生制订出帮扶转化计划；学校按班级学科建立学困生档案，由教导处汇总各班学习有困难的学生名单，利用每天的中午休息、下午的第三节课安排教师对差生进行辅导；教研组组长通过定期了解考试成绩和检查学困生转化记录等方式，跟踪检查学困生转化情况，加强学困生转化工作的监督，确保学困生转化取得明显的实效。

（4）考——真、祥、思

学校考试形式主要有日常考试和期末考试。日常考试方式主要以区教科所印制的单元测试为依据，要求各年级教学完一个单元便对本单元的学习进行一次笔试，对每次笔试情况要有文字材料分析，写好反思及整改措施，教研组长严把质量关。教导处不定期抽测，对于每次抽测的情况，要做出详尽的统计和分析，并及时地向任课教师和学生反

馈，帮助学生总结提高。每次考完试，必须对本班学生成绩做出质量分析，写出分析报告，内容包括：各学科对试卷的评价，对学生答题的分析（基础的掌握、知识的应用以及操作能力、创新能力等），提出今后教学工作的改进意见。学生个人情况分析表：学生学情分析（学生基础、学习态度、知识掌握及应用等），教师教学情况分析（含教材评价、教学内容目标完成情况和教学中的得失情况），期末考核（查）情况分析（含考核或考查内容、考核方式、评价标准和考核效果等），今后教学工作的改进意见（含教育、教学和考查评价等方面）。

（5）研——实、专、导

学校定期开展教研活动，有中心发言、有专题研究、有集体备课等，每学期每位教师要上1节以上的公开课。学校还要求学校行政部门每学期必须听课40节以上，教研组长听课30节以上，教师听课20节以上。

2.抓牢"监管流程线"

学校采用"看、听、监、问"为主的质量管理方式。"看"，即看备课，看作业。采用定期看、不定期看相结合、领导看、同事看相结合、在看中学，在学中看的方式。"听"，即听随堂课，听教研组课，听各类公开课，听各学科的课，组织教师相互听课，联系外出听课，请进名师授课。"监"，即进行教学流程的监控与教学效果测试的监控。采用随机与专项相结合、定期与不定期相结合的方法。对教师的备课、课堂教学、作业设计与批改、辅导、考试、质量分析进行重点监控。"问"，即领导视察校园，深入办公室、进入教室、蹲点学科组找教师或学生谈话、谈心、家访等。通过"问"了解、分析教与学的情况，发现存在的不足与问题，征询建议与方案，进而对当前工作进行改进。

3.抓好"规范检查路"

学校落实检查的实效性，做到期初有计划，期中有检查，期末有总结，结束要归档。采取开学初教学检查、经常性教学检查、综合性教学检查和期末教学检查的方式，检查实践作业与书面作业，检查作业批改与试卷分析，查听课评课与教学反思，把教学检查贯穿于教学工作的全过程。为保证教学质量，学校还坚持进行以下常规检查：①检查实践教学情况，了解学生形成技能的情况。②检查教师的教学态度、课前准备、授课内容、课后辅导情况。③检查教师执行授课计划、课程是否标准的情况。④考查教师的教学水平，对不适合或不能胜任该课程教学的教师，进行更换和调整。⑤检查教研活动开展情况及教研组对青年教师的传、帮、带的情况。

三、开展评教活动，建设行为文化

为了传播教学正能量，学校每学期举办一次全校性的教师备课本、读书笔记本、学生作业本展览活动，组织全体师生参观分享。通过自查互评和交流学习，达到全面提高教师钻研教材、预设教学、拟写教案、反思教学、撰写后记、听课评课、理论学习的能力。不仅如此，学校还开展"三课展能来比拼"的评教活动。

第三节　教学质量管理

教育质量管理水平是教育管理水平的综合反映。从一定意义上说，学校的一切工作都是为了不断提高学校的教育质量。只有教育质量达到学校培养目标和培训规格的要求，学校才能完成自己承担培养人才的任务。教学质量管理是学校教育质量管理工作的重要内容，是教学管理的核心。

一、教学质量观与教学质量标准

教学质量管理的"教学质量"概念的内涵是指教学过程中及其所具有的效果，能用来鉴别其是否符合规定要求的一切特殊性和特征的总和。

在这个定义中"符合规定要求"的符合规定是一个关键词。进行教学质量管理，首先必须明确"规定要求"，以及教学质量的标准和规格。教学质量管理的任务就是根据一定的教学规格标准来组合全部教学活动，全面而有效地控制对教学质量可能发生影响的各个因素和各个环节，使之处于最佳状态，以保证教学质量的提高。

（一）树立正确的教学质量观

教学质量观是对教学优劣程度的总的看法和认识。它集中反映管理者的教育思想水平，对整个教学过程起着重要的导向工作，树立正确的教学质量观是科学地实施教学质量管理的前提。

正确的教学质量观应是全面的质量观，这个全面质量观可以概括为"五全"。

1. 树立全面发展的教学质量观

教学的任务不只是传授知识训练技能，教学的目的也不只是提高分数，学生个体通过教学应在德、智、体诸方面都得到发展，所以必须用全面发展的观点衡量教学质量。片面的教学质量注重智育、轻德育，对智育又只看中知识掌握多少，忽视能力的培养，并且往往以分数取人，这是不符合学生全面发展的教育方针要求的。

2. 树立面向全体学生的教学质量观

教学的根本任务是提高全民素质，为国家培养大量合格人才，建立宏大的人才队伍。因此，评价教学质量必须面向全体学生，而不能只看少数优秀学生的水平。以牺牲多数学生为代价换取少数几个人的高质量，不是真正的高质量。

3. 树立全过程的教学质量观

检查教学质量不能只看最后的考试分数，还要看教学的全过程。教学管理要重在平时，而不能只看最后结果。只看最后的考试得分而不了解得分的手段，有可能把教学水平引入歧途。

4. 树立全员的教学质量观

提高教学质量不只是任课教师的事，全校教职员工及学生都要投入教学质量的创造性活动中来，教书育人、管理育人、服务育人、各司其职、各负其责、协同配合、共同创造高质量的教育产品。

5. 树立全方位的教学质量观

教学过程是一个多因素全方位的工作过程。哪一个因素哪一个环节出现问题都会影响教育质量。因此，注意教也要注意学，注意人力（教师、学生、管理人员）也要注意物力、财力，注意时间也要注意空间的充分合理运用，注意校内也要注意校外的各种条件，全方位优化配置与充分利用各种教育资源。

（二）确立教学质量标准

在全面教学质量观的指导下，要确立评价教学质量的标准。由于影响教学质量的因素是多方面的，所以教学质量标准不是单一的，而是包含多因素、多层次、多维度的标准体系。这一标准体系是师生共同追求的目标，也是管理者检查和评定教学质量的依据。

教学质量标准体系可以分为以下三个方面。

1. 纵向质量标准

这是对教师的教学过程和学生的学习过程的各个环节的质量要求。它最终表现为通过教学活动，让学生的学习结果达到各科知识、技能与智能所要求达到的水平，这种纵向的教与学的各个环节贯穿教学全过程。

2. 横向质量指标

这是对教师指导学生学好各类课程的要求。学生学习偏科，如重理轻文、重业务技术轻思想政治等，都会造成学生不同程度的知识缺陷，影响学生今后的发展。因此，教师要帮助学生摆正各科的位置，采取措施积极引导，把好各科教学质量关，防止学生学科偏废现象。

3. 综合性质量标准

这是从学校自身实际出发，面向全体学生，从打好基础、发展智力、培养能力和形成良好的思想道德品质等方面全面制订每一学期、每一学年乃至从迄始年级到毕业年级每一循环的总的质量标准。它是学校教学工作阶段性的总体目标，对年级、班级和各学科制订相应的质量标准起着指导作用，

制订和形成切乎实际的科学教学质量标准体系，是一项难度很大的工作，必须以教

育目的和教育任务为根本出发点，以教学计划和教学大纲规定的教学要求为依据，充分考虑学校现有的教学基础和教学条件，在教学管理实践中不断探索、反复实践、逐步完善。

二、教学质量的检查分析

（一）教学质量检查

教学质量检查是根据一定的质量标准对教学过程的各个环节、各个阶段的质量进行鉴定、评判的一种管理手段。它的目的是提供准确的反馈信息，以便学校及时进行协调，完善教学质量。检查是控制质量的重要手段，学校要经常进行各种形式的教学质量检查，并及时分析，为教学质量提供依据。

检查的方法是多种多样的。它包括：听课、测试、查阅教师教案、检查学生作业情况、召开各种座谈会等。教学质量检查的方法主要有以下几种。

1. 平时检查和阶段检查

平时检查是平时经常性检查，它的优点是能及时发现教学过程各个环节上存在的问题，及时发现、及时帮助解决，不使问题积累起来。期末阶段性检查，是监测各科教学质量是否达到标准的主要方法。

2. 全面检查和重点检查

为了了解全校、全年级某一学科或全部学科的质量水平，需采取全面检查的方法。它的特点是范围广、信息多，不可能经常进行。因此常常使用的方法是重点检查，选择典型班级、典型课程，深入教学的各个环节进行检查，以点带面，推动面上的教学工作。

3. 不同层次的检查

学校领导要进行教学质量检查，教务处对教学质量检查负有主要责任，自己检查，还要组织学校力量检查。各教研室检查本学科教师的教学质量，同时提倡教师之间的互查、教师个人的自查。学生是学习的主人，教师应引导学生学会自测，把好学习质量关。

4. 重视教案检查

教案是教师上课的主要依据，它不仅记载了教师的授课内容，也从侧面反映了教师的授课态度。教务处对教案的管理，采取了从形式到内容的双重监控，促使了教师认真备课，提高备课质量。

从内容上监督则是教案监控的深一层次。每学期由教务处出面，指定抽查若干教师的教案，组织专家、资历较深的教师对各教研室送来的教案进行专业评比，评选出优秀教案由学校给予表彰，对一些不合格教案给予批评和指导，督促改进。

5. 做好考卷抽查工作

考试是教学过程中的重要环节，试卷抽查工作能比较深入地监控命题、阅卷评分及教学效果。试卷抽查分三类：部分试卷由教务处调阅审查，部分课程由系主任派人审查，部分课程由教研室提交试卷综合分析报告。考卷抽查聘请专家评判，对主要课程试卷的质量如题型、考核内容的覆盖面、题目难易程度、评分标准等给出专业评判，从而促进系、教研室等基层教学单位重视考试环节的规范化管理和研究，进一步提高教学水平，保证教学质量。

（二）教学质量分析

检查教学质量，是为了提高教学质量。因此，教学质量检查必须与教学质量分析相结合，通过对质量检查中获取的各种信息的分析，肯定成绩，总结经验，同时发现问题，对教学工作做出具体的指导帮助，以不断提高教学质量。教学质量分析的方法主要有：

1. 定性分析

这种方法主要用于对教学思想、教学状况、教学总效果的分析。

2. 定量分析

用数量统计方法来分析教学质量能以简驭繁，清晰地表明教学质量的现状，以便于同质量标准相比较。进行定量分析需要先制定既科学又实用的统计表格，然后采集统计数据进行数据处理，其结果可制成相应的统计图。

3. 对比分析

通过纵向对比、横向对比进行分析。纵向对比主要是与历史上以前的质量做对比，横向对比主要是在本校同一年级班与班之间做对比，对不同教师所教的班级的质量做对比，也可以将同一教师所教的不同班级的质量做对比，从中找出影响质量的有关因素。纵向对比可以发现某一检查项目的历史发展趋势，看到升降幅度，进一步分析出原因。横向对比可以同中求异，从差异和共同点上进行分析。

4. 因果分析

事物和现象之间都存在着因果联系，有因必有果，有果必有因。影响教学质量的因素错综复杂，只有找到各种现象之间内在的因果联系，才能看清事物的本质，找出问题出在哪个环节，从而确定改革措施。

5. 综合分析

综合分析是从教学现状出发对教学全过程进行分析，从教与学两方面发掘影响教学质量的各种因素，包括教师教学思想、教学态度、教学方法、教学水平和学生的学习目的、学习态度、学习方法等进行整体分析；由此对教学质量的高低做出总结性的评价，并就影响教学质量的主要原因和倾向性问题做出科学的概括，对改进教学工作提出中肯的指导性意见。

三、教学质量的控制与评价

（一）教学质量控制

它是建立在教学质量检查和分析的基础上的，是教学质量管理的重要环节。质量控制是指对影响教学质量的因素进行直接干预，或肯定或否定，或支持或限制，或鼓励或禁止。采取不同的方法，引导教学双方沿着教学计划所设定的正确轨道，朝着预定的目标努力前进。控制教学质量的方法和手段主要有以下三点。

1. 计划控制

用计划控制质量，按计划规定的工作目标、教学内容、时间要求、方法步骤、措施安排进行控制，使质量运行按计划行事。

3. 活动控制

活动控制即按质量标准组织教与学的活动，使活动的目的明确，排除各种干扰，用合乎质量标准的活动为提高教学质量而服务。

3. 因素控制

因素控制即对影响教学质量的各种因素进行全面控制。如对教师、学生、管理、设备等方面的因素要实行严格的控制。

对教学质量实行有效控制，关键在于经过教学质量检查和分析之后所提出改进教学的意见从而付诸实践，有效解决教学过程各个环节存在的问题。在控制中要特别注意一些变量的控制，设置控制线，随时进行控制。如学生学习成绩优秀率、不及格率、达标率、违纪率等都有一个正常值，偏离正常值过大，就要引起注意，并迅速找出原因，采取措施加以扭转。

（二）教学质量评价

教学质量评价是对教学质量创造工作的全过程及其达到的效果的总检验。教学质量评价过程共分为四个阶段。

①重温学校教学管理目标、教学计划及其确定的质量标准、质量指标和控制线，并以此作为对教学质量评级的内容、项目和标准。它们就是评价教学质量的尺子。

②收集和分析资料。通过调查研究收集关于教学质量的资料，然后进行分析比较，看哪些达到了规定的目标、标准和指标，哪些没有达到，哪些甚至超过了预期的效果，对教学质量做出客观、可靠的价值判断。

③写出教学质量评价报告。

④把教学质量评价结果用于教学质量目标、任务、标准来进行必要调整的决策，进一步改进学校的教学质量管理工作。

第五章 学校德育管理理论与实践研究

第一节 学校德育管理的重要性

德育实效性是衡量德育管理效果的一个重要标志。因此研究德育管理的实效性是学校管理研究的一个重大课题。

德育管理实效性问题是一个世界性的问题，世界各国的专家学者都在呼吁加强德育的实效性，并采取了诸多的有效措施。日本成立了青少年问题对策总部，建立了548个青少年辅导站；泰国成立了青少年促进会；美国组织专家们提出了《2061年计划》把公民责任感作为美国六大战略之一；马来西亚用7年时间调查，提出了加强德育的报告；新加坡也提出了国民新的价值观等。这一方面反映了各国对德育的重视，另一方面也反映了各国对当前德育实效性的忧虑。

从我国的德育管理实效性来看，存在着"低效劳动""无效劳动"，甚至还有"负效劳动"现象，总之，实效性不高。实效性差很重要的原因是跟不上时代的发展，突出表现为"三重三轻""三个不适应""四个不能"。"三重三轻"即重智育轻德育、重知识轻能力、重课堂教学轻社会实践。"三个不适应"即德育工作不适应青少年身心发展的特点、不适应社会生活的新变化、不适应全面推进素质教育的要求。"四个不能"即不能很好地根据青少年学生身心特点和认识规律开展德育工作，存在着成人化倾向；不能很好地根据国内外形势的新变化、教育改革和发展的新任务与青少年思想教育工作的新情况，有针对性地对学生进行教育；不能很好地将校内教育与社会实践和家庭教育密切结合起来；不能很好地将知识传授与行为养成密切结合起来。

面对新形势、新情况，德育与德育管理工作在继承和发扬优良传统的基础上，必须在内容、形式、方法、手段、机制等方面进行创新和改进，特别要在增强时代感，加强针对性、实效性上下功夫，必须增强德育工作的紧迫感和责任感。必须下大力气研究德育和德育管理的实效性问题，使德育工作走上科学化、系统化、规范化、现代化的健康发展轨道。

第二节 学校德育内容与任务

一、学校德育的内容

学校德育实效不尽如人意的主要原因之一，是没有对中国社会转型期的时代特点进行深刻研究，没有形成新时期道德教育的核心内容，且缺乏时代针对性。以下是两个研究者对道德核心内容的看法。

叶澜认为，新时期道德教育的核心内容及其关系问题应分为四个层次：

第一，基础层面：以"诚信"为核心的为人之德教育。这是市场经济发展要求建立以"诚信"为道德基础的时代特征的反映。

第二，社会成员层面：以责任为核心的为事之德教育，包括人对自己的选择负责，对自己承担的工作负责。这是比"奉献"更低一个层次但更为之基本的公民道德。

第三，以"爱国"为核心的为民之德教育。这是当代经济全球化背景下维护国家、民族尊严和利益的保证。

第四，以"自我完善"为核心的生存道德教育。这是当代社会复杂性和变化加剧特征的要求。

李德顺则认为：

第一，在群众道德建设的内容上，需要以道德人格的确立和健全为重心。

"道德人格"主要是指人们的道德主体意识，包括追求高尚道德选择的能力自信和人格尊严等。道德人格同道德规范相比，是更深层、更基础的道德意识。在社会生活中，现实的道德规范不仅是多元的，而且是多层次、多样化的，需要人们自觉地加以选择和遵守的道德规范时时处处都有。比如在家庭中有亲情规范，在朋友间有交友规范，在政治上有政治规范，在学业上有学术规范，在婚姻上有婚姻规范，在公共交往中有礼仪规范等。我们的道德建设要从"重人格、带规范"入手，才能扭转被动的局面。

第二，在各个层次道德规范的建设中，应该首先着重于社会公德系统的规范化。

传统道德教育的另一个毛病，是公德与私德不分，或重私德而轻公德。其表现是过分诉求于个人，而对社会的公共道德规范建设与实施则要求不多。所谓"修身、齐家、治国、平天下"便是这种道德思维方式的典型。它把国家、社会的一切均寄托于个人的修养，而不承认或从根本上忽视了社会体制、环境、公共规则的作用。以这样的思想进行道德教育，一方面导致对个人行为干预过多，从而束缚个性（人的道德个性即私德）发展；另一方面则导致忽视与社会应有的体制、机制、法制规范体系的健全改进。

公德，是指社会公共事务、公共角色、公众行为中的道德原则和规范，如职业道德，社会角色道德，管理、决策和组织方式的道德等。社会公共规范是社会公德最明确的表现，遵守公共规范就是尊重自己所关系的社会公德，如政府部门重"官德"，教师重"师德"。每一个从事社会公共事务的人都尊重、珍惜自己的"业德"，即职业道德，这是公德建设的第一步，是最起码的、最重要的一个目标。

在当前情况下，道德建设首先要着眼于社会公德的规范化，把有助于完善社会主义公德的各项规范落到实处，建设完备，并让它们见到实效。不仅对形成新的社会风气有直接的决定作用，也对个人道德的培养和提高有着巨大的影响力和感召力。它是我们新时代道德文明建设的主要基础工程。

国家在总结各种研究成果的基础上，在《公民道德建设纲要》中明确指出，要在全社会大力倡导"爱国守法，明礼诚信，团结友善，勤俭自强，敬业奉献"的基本道德规范。社会主义道德建设要坚持以为人民服务为核心，以集体主义为原则，以爱祖国、爱人民、爱劳动、爱科学、爱社会主义为基本要求，以社会公德、职业道德、家庭美德为着力点，在公民道德建设中把这些主要内容具体化、规范化，使之成为全体公民普遍认同和自觉遵守的行为准则。

该纲要还提出了公民道德运作的三大创新机制：尊重个人的权益与承担社会责任相统一，鼓励追求先进道德相结合，强调道德自觉与完善制度约束相结合。

二、学校德育的任务

自从以经济建设为中心，实行改革开放以来，特别是向市场经济转变以来，我国社会道德状况发生了巨大的变化，突出的一点是许多传统的道德观念受到了极大的冲击，人们的道德行为出现了空前错综复杂的局面，不少人的道德意识也处在极度混乱、迷惘的状态中。

有人认为，当前的道德失控是社会转型期一种暂时的表面现象，与这些表面的"滑坡"相伴随的，还有深层的道德进步，如人们的道德心理和行为中出现的由"假"向"真"、由"虚"向"实"、由"懒"向"勤"、由"依赖顺从型"向"独立进取型"、由"封闭"向"开放"、由"单一化"向"多元化"回归等变化。从长远来看，这是现代道德文明振兴的开始。总之，我们的道德从本质和趋势上来看，需要"爬坡"，也正在"爬坡"。

判断社会道德发展状况、衡量社会道德进退得失的标准，实际上是有两个层次的：一个是以一定的道德理想作为标准，即道德标准；另一个是以社会进步发展作为标准，即社会历史的标准。

道德标准，是以一定道德体系为座标，用它的观念和指标，如一定的道德理想、规范、信念等为标准，来衡量人们的现实行为和社会风气。凡是符合这些标准的人和事，就给予肯定，认为它是好的，反之则加以否定，认为它是不好的；凡是趋向于道德理想的变化，才是道德上的"进步"，反之则是"退步"。道德标准是构成社会文明的一个重要方面，而片面的道德理想主义则往往只承认这个标准，不了解或不承认还有另一层标准，甚至他们的道德理解本身是脱离现实、脱离人民的。

社会历史标准，是以对社会全面发展的意义和作用来衡量一切人和事的，其中也包括要对道德的理想和观念加以检验。在历史上的每个时代中，都存在着各种各样的道德及其理想标准，因此还必须有指导、评价和选择它们的更高标准。也就是说，道德只是一个衡量社会发展状况的具体标准，并不是一个可以无条件地评价社会历史的最高标准。在人类社会的历史发展中，道德本身的合理性和先进性，也是需要检验和发展的。对于我们来说，这个更高的标准就是有利于人类社会的进一步解放和发展的道德，才是进步的、合理的，反之则是落后和不合理的道德。换句话说，归根结底，只有推动社会前进的，才是最道德的。这一点则往往不能被道德理想主义所把握。

上述两个层次标准的适用范围不同，具体的道德标准主要适用于一个既定道德体系的建设，社会历史标准则适用于整个历史和社会的全面过程。特别是在社会变革和转型的时期，每个具体的道德标准都要经受历史的检验，道德标准的变更和重新确立也要以历史标准作为根据。两个标准之间如果发生冲突，历史的结论往往是：道德标准最终要服从历史标准。这是一场深刻的、不无痛苦的思想革命。"滑坡论"与"爬坡论"之争，实际上反映出的正是这两个不同层次之间的差别：用既有的一成不变的道德标准来衡量现实，往往会比较多地看到"失落"的方面；而用社会历史的标准来看待现实，则往往更注重道德与社会进步之间的一致性，看到道德革新的要求和趋势。

德育是全面发展教育的重要组成部分，包括政治教育、思想教育和道德教育三个方面。德育工作是一项复杂的系统工程，其成效在很大程度上取决于德育管理的水平。德育管理的任务是以保证德育任务的顺利完成为出发点和归宿的。德育的作用主要有以下几个方面。

①全面规划并组织德育工作的实施。学校应对德育工作高度重视并全面规划，在明确德育目标的基础上，根据中小学德育大纲制订出本校的实施细则，全方位组织实施。通过制订德育工作实施方案，要让全体教职工明确德育工作的重要性和任务。学校的各

项工作都具有教育性，每个教职工都是德育工作者，都要在不同的岗位上担负起教育学生的责任。

②发挥思想品德课和其他各科教学的教育作用。思想品德课是较系统地向学生进行思想品德和政治教育的一门课程，在学校德育工作中有着特殊的地位和作用。因此，学校要重视思想品德课教学内容和教学方法的改革，密切联系学生实际思想，逐步提高学生的思想政治水平和社会主义道德品质。同时，还要强化教书育人的职业道德，发挥各科教学的德育优势，引导全体教师自觉做到将德育渗透于各科教学内容与各个教学环节之中。

③加强对班主任工作的组织管理。班级是进行德育的基层单位，班主任所进行的日常思想教育是学校德育工作的基础。班主任工作的优劣状态直接关系到学生思想品德的培养和学校校风的建设。因此，加强对班主任工作的组织管理要做好以下四个方面的工作：第一，要锻炼和培养一支热爱学生、具有献身精神、富有教育教学经验、有一定管理能力、较为稳定的班主任队伍。第二，要在开展班级工作的各个基本环节上给班主任指导和帮助。第三，及时总结交流经验，注重班主任业务水平和基本素养的提高。第四，要采取适当措施改善班主任待遇。

④加强对德育工作的评估管理。德育工作进行的效果如何，要通过一定的方式做出客观的评价。德育评估包括对学校整体德育工作的评估和学生个体思想品德的评估。只有既考评学校的德育工作，又考评学生的思想品德，才能全面总结出管理的经验教训，促进德育工作的开展和学生品德的成长。德育的评估可分为定性评估和定量评估，这两种评估方法各有利弊，一般采取定性评估和定量评估相结合的方式进行。

第三节　学校德育管理实效性提高的方法

邓小平在改革开放十年之际曾经指出："十年来我们的最大失误是在教育方面，对青少年的政治思想教育抓得不够，教育发展不够。"世纪之交，随着经济的发展、社会的转型，教育面临着更大的挑战，思想政治工作虽然比以往有很大改善，但在学校思想政治工作中，德育的实际效果并不理想。出现这种结果的原因是多方面的。就内部原因而言，目前不少学校在德育工作中重形式、轻实效，不分对象施教；有人认为花的时间多、精力多，德育效果必然好；甚至有人单纯以工作量来衡量德育工作成绩。就外部原因而言，经济发展促进了人们的思想解放，产生了许多与社会进步相适应的新观念，同时也出现了一些消极的思想与观念，在一定程度上出现了道德滑坡现象。当前，要切实提高学校德育工作的实效性，必须针对上述原因，提出系统的对策。具体可以从以下几个方面着手。

一、确立"以人为本"的德育观念

德育观念是德育管理的根本指导思想，更新德育观念是提高德育实效的关键。传统德育把受教育者当作各种道德规范的接受体，学生处于被动接受教育的地位，教育者与受教育者之间难以沟通，增加了德育实施的难度。在当今知识经济时代，社会所需要的是具有主体精神、创新精神的人，教育不断提升人的地位是一种基本的走向。在这种情况下，"以人为本"的德育观念是时代的体现，树立"以人为本"的观念，是在德育工作中从学生出发，把学生作为独立的主体，教会学生做人，一方面把社会所需要的思想道德价值观传递给学生，使之社会化；另一方面，注重学生的自我完善与自我发展。确立"以人为本"的德育观应该注意以下两点：一是教育者与受教育者应成为道德教育的共同参与者。在道德教育中，教育双方之间要相互理解、相互尊重，通过情感的交流与共鸣，促进道德的内部消化。二是要注意道德教育过程是一个对话过程。这种对话是一种广义上的对话，它可以是以道德认识为目的的观点性讨论，也可以是教育行为上的相互影响。

二、调整德育的自身结构

德育的自身结构包括目标、内容与方法三个方面。在新的发展时期，要真正提高德育工作的实效性，就要在这三个方面实现全面的创新。

（一）确定既符合社会需要又适应个体发展的德育目标

德育目标制约与影响着德育的全过程，决定着德育内容方法与途径的选择，因此，明确德育目标是德育工作的首要问题。在当今学校德育工作中，德育目标存在"高、大、空"的问题。所谓"高"指的是过于理想化。追求美好理想本是应该大力提倡的，但是不能一味脱离实际地追求理想。当前，学校德育往往缺乏更基础、更现实的目标体系和价值趋向，有些脱离社会实际和学生生活实际。这样不仅不能引起学生的兴趣，反而还容易使得学生反感。所谓"大"指的是共性化。"四有新人"（有理想、有道德、有文化、有纪律），是对广大干部群众和青少年的共同要求，但对青少年而言，缺乏对不同教育阶段、不同群体、不同层次的理论研究，实际工作中更容易受到忽视。所谓"空"，指的是一般化。德育工作较为空泛，缺乏明确要求和集体指标，可操作性不强。德育目标是一种预期的结果，但它毕竟不是真实的客观结果。

当前，要使德育目标更切合实际、更具有层次性，需要注意两个方面的问题：一是根据社会对人才的需要确立德育目标。任何一个社会都要求其公民认可现存的政治、经济制度，并遵守社会所规定的法律和道德，为社会的繁荣和发展尽义务，这些基本的要求理所当然地成为制订德育目标的依据。二是随着科学技术的发展和现代生活方式的变化，只强调阶级的、政治的目标显然是片面的，科技的进步提高了产品生产率，促进了社会加速发展，但同时也带来了一些新问题，对以往的道德观念提出了挑战，如克隆技术、安乐死等，这种情况反映到德育中来，在确定教育目标时要考虑受教育者心理发展水平和自身发展的需要。当代青少年的道德认识和行为带有明显的时代特征。一方面是思想品德认识的主体性和独立性；另一方面是青少年思想品德认识的结果呈现出多样性。此外，在确立目标时，还有一点需要注意，就是目标的系统性。根据学校实际情况，应尽量把目标分解到不同的年级，有重点、分阶段、分层次地贯彻落实。

（二）依据新的德育目标进一步充实德育的内容

当今学校德育内容的主要问题体现在以下几点：一是部分内容老化，已不能适应时代发展的需要，只是重要介绍一些陈旧的、脱离社会现实的东西，而学生希望解决的问题仍得不到回答，导致学生不愿意参加德育活动。二是德育内容与学生身心发展脱节，甚至大、中、小学生德育内容倒挂，中、小学狠抓智育，忽视基础文明、基础道德规范的教育，到了大学以后却要抓"吃饭排队""不随地吐痰"等行为规范的教育。于是有人戏称我们现在的德育"对幼儿园实行的是共产主义教育，对小学生实行的是社会主义教育，对中学生实现政治教育，对本科生实行基础行为规范的教育，对留学生实行的是我是中国人的教育"。三是大、中、小学德育内容的重复，例如大、中、小学生都进行马克思主义理论教育，但是各种教育内容没有根据学生实际情况予以明显区别。

道德源于人们物质生活过程中的交往活动，是人们在社会生活中自发形成的。因此最初的道德教育是与学生生活联系在一起的，后来随着制度化教育的产生，学校教育与生活走向了分离。然而，人的道德植根于人们的现实生活，品德的养成发生在每个具有偶然性的真实社会情境中，德育只有立足于学生丰富的实际生活才能更好地实现道德的内化，达到育人的目的。

针对德育内容的现状，结合德育自身的特点，我们需要从以下几个角度充实德育内容：一是力求内容安排的序列化。德育内容的选择与安排直接服务于德育目标的达成，德育目标有一个层次化、序列化的过程，相应的德育内容也要注意序列性。二是加强学生道德敏感性的培养。当今社会的基本特点是开放性，道德价值观的基本趋向是多元化。价值多元化是指同一社会同时存在两个或两个以上的价值观念体系。例如"谦让"一直被认为是传统美德，在如今却受到人们的质疑，面对权利与利益时，人们不再是一味相让，而是提倡公平竞争，因为公平才是最根本的道德原则。在价值多元化的社会现实下，学校德育应该使学生意识到自己的道德价值以及他人的道德价值观，使他们自觉地发现和理解在现实生活中自己与他人在价值观上的一致和冲突，只有具备了良好的道德敏感性，学生才能在具有多种价值观的社会中学会与他人和平共处，创造美好未来。三是重视培养学生的道德思维能力。道德思维能力包括道德推理能力、判断能力、抉择能力等。现代社会的道德是理性的道德，学校应借助理性力量形成学生自己的道德信念，理解社会的道德规则，以便在面对道德冲突时能顺利做出道德判断和抉择。

（三）科学地选择德育方法

德育方法是思想品德教育所采取的各种影响方法的总称，包括教育者和受教育者两方面的方法。作为社会要求与受教育者主观世界发生关系的纽带，德育方法对德育实效有很大的影响作用。常见的德育方法有：说理教育法、榜样示范法、情感陶冶法、品德评价法等。长期以来，学校德育仅仅局限于道德知识的传授和道德原则的灌输，忽视了学生的道德情感、道德意志以及道德实践能力的培养，导致了学生言行不一。灌输从根本上说是强制性地使儿童接受自己不理解的教育内容。20 世纪以来，灌输的方法一直是教育家所极力反对的，然而在现实生活中，灌输的方法仍不同程度、不同形式地存在着，例如在日常教育中，热衷于道德知识的竞赛活动，以思想政治课考试成绩衡量学生的品德发展水平等。阿特金森认为，灌输的缺点不在于内容，而在于方法的不合理性，当教育者用强迫的非理性的方法进行教育，而不考虑受教育者是否愿意、是否能够接受时，就是进行道德灌输。柯尔伯格极力反对道德灌输，认为灌输既不是一种教授道德的方法，也不是一种道德的教学方法。道德学习的特殊性使得它更强调潜移默化的影响和生活实践，如果单纯地把道德作为一种知识来教，而对学生的道德生活实践关心不足，即使学生掌握了良好的道德规范体系，也会因缺乏实践而不能转化为道德信念并指导自己的道德行为。因此，教师必须切实改变传统的单纯灌输的德育方法，根据学生道德接受的基本规律，选用科学的方法，并对各种方法进行优化组合。在具体的组合过程中要注意三个结合：一是教育和自我教育相结合，因为作为教育活动的主体，外界影响必须通过受教育者自身的意识发生作用；二是说理教育和德育实践等结合起来；三是道德教育和心理教育相结合，德育和心理教育有着密切的联系，健康的心理是顺利进行德育的基础，要注意道德习惯养成和心理训练的结合。

三、实行三位一体的德育途径

德育的渗透性、复杂性、长期性要求我们必须多途径协调合作，形成学校、家庭、社会三位一体的德育途径。

首先，要充分发挥学校在德育中的主导作用。在学校德育中有许多德育实施的途径，如专门的德育课、其他学科的德育渗透，学校集体活动及环境影响等。作为专门的教育机构，学校必须发挥主导作用。在学科教学中日益智育化，且未找到有效的办法通过学科教学实施德育的条件下，应设立单独的德育课，至少可以使学校德育的实施在课程和时间上得到最低限度的保证，也有利于系统地向学生传授道德知识和理论，提高学生的道德认识。学生要学会复杂的道德判断，就必须学会以特定的方式探究特殊的道德问题、以特殊的方法进行道德推理，这些都需要安排专门的教师进行教学。但道德课的缺陷在于单纯的课堂教学容易导致知行分离，因此在进行直接道德教学的同时必须注意与其他方面的结合。

其次，要高度重视家庭在德育中的地位与作用。看到德育的实效性低下时，人们往往会去指责学校教育失职，殊不知，家庭教育也负有很大责任。特别是学校教育与家庭的教育不协调时，更容易导致德育实效性的降低，因此提高德育实效要注意与家庭教育相配合。提高家庭育人水平的关键在于提高家长的素质。作为家长，应注意树立正确的教育观念，运用科学的方法对子女进行教育。一是要教育子女先做人，对子女品德方面的问题要认真分析原因，根据其性质合理对待，并且要充分激发子女积极向上的动力，帮助其改过自新。二是要与子女平等相处。一方面在家庭教育中以身示范，注重言教与身教的统一；另一方面要尊重子女的情感、意愿和选择，以理服人，而不能强制压服子女。

最后，要注意实现德育的社会化，实现德育社会化主要是做好社区的德育教育，做到社会影响与家庭、学校相配合。实现德育社会化主要有以下几点：一是优化社会环境、发动社会支持、参与学校德育教育。二是搞好青少年校外教育，充分利用社会资源的教育作用，如博物馆、敬老院、图书馆等，都有潜在的德育教育作用。三是推动社区精神文明建设，创造良好的德育环境，包括形成良好的社会风气、公共秩序和生活环境等。

四、构建合理的德育评价体系

德育实效性的评价不在于学校组织了多少次德育活动，也不在于对学生做了多少件好事的统计数据，而在于学生思想品德水平的提高和发展。对学生思想品德的评价需要从知到行两个方面进行分析判断，并要结合学生在学校、家庭、社会各个方面的表现进行系统的分析，这就使得评价有相当的难度。人的思想观念作为一种精神因素是不能被直接测量的，但人的思想观念在对外部世界反映的同时，又必然会通过其外部言行在日常生活、学习和工作中表现出来，并作用于社会和他人。因此，品德测评虽有很大难度，但不是不可能，其关键在于评估者的素质水平及其方法的科学性。为此，在德育实效性评价过程中应遵循以下几个原则：一是客观性原则，即评价者以真实的资料为基础，对教育成果进行客观的价值判断，使用评价内容、标准时要克服主观随意性。二是教育性原则，德育评价从形式上来看是一种分析信息、得出结论的过程，实质上是为了教育被评价者，促进他们良好品德的发展。三是科学性原则，即要以科学理论为指导，评价体系和评价方法要符合德育规律和青少年成长规律。

德育实效的复杂性在于其影响因素很多，因此实效性问题一直是德育的难题。当今德育存在的主要问题表现在目标、内容、方法等方面的不切实际。我国近年来已有一些对德育实效性的研究，但是大多的研究只是针对其中的一点来展开，系统的研究并不多见。德育实效是一个系统的工程，要提高德育实效首先要更新德育观念，弄清楚德育最根本的目标所在，并且选择适当的内容、方法和模式。德育过程的特殊性使得德育目的想要达到要通过多种途径进行，在这一过程中教育者本身的素质也是德育实施中一个非常重要的问题，需要进行深入研究。

第六章　学校师生管理的理论与实践研究

教育是培养人的社会现象。教育活动主要是教育者和受教育者的活动，研究教育现象必须研究教育活动的主体——教师和学生在教育过程中的地位和作用。但是，长期以来，在我国的教育理论研究中，重视研究教师，强调教师在教育过程中的地位和作用，而忽视对学生的研究，只是把学生看成是被教育的对象，忽视学生的主体作用。学校管理也大多忽视学生的作用，把学生看作是被管的对象。在教育管理的理论研究中，对学生的研究还处于一个薄弱环节。因此，对学校实行科学化管理，全面提高教育质量，必须加强对学生管理的研究。

第一节　学生管理工作的特点、观念与内容

学生管理是教育管理不可或缺的组成部分之一。科学有效的学生管理有助于养成学生良好的行为规范，发展学生的自我管理能力，同时也为完成学校的中心任务提供保障。其成功的经验也可为其他领域的管理提供借鉴，从而带动教育管理整体水平的提升。学生管理的目的在于帮助学生形成良好的学习习惯、生活习惯与行为习惯，使学生具有基本的自立能力、自制能力和独立生活能力，使学生能够愉快地学习、健康地成长，在德智体诸方面得到全面、和谐的发展。

一、学生管理工作的特点

学生是受教育者，是学校管理的对象，但学生是现实生活中的人，是发展中的人，他们的思想观念、情感行为是随着社会生活条件、人际关系的变化而变化的，不是静态不变的。在教育实践中，在教育理论研究中，乃至学校对学生管理过程中，往往忽视学生是人的本质属性。马克思主义认为人的本质是社会关系的总和。每个人都有自然属性和社会属性，都存在身心两个方面的发展，学生的思想认识、情感意志、行为习惯的形成和发展，都离不开现实生活。学生是社会的一员，研究学生不能脱离现实社会。我们

正处在一个变革的时期，人们的思想观念都在变化，我们的教育对象、管理对象也在变化，他们思想活跃、消息灵通、思想开放。

二、学生管理工作应树立的观念

根据学生管理工作的特点，在学生管理工作中应树立以下几种观念。

（一）树立正确的学生观

学生管理的实质在于调动学生的积极性，使学生管理得到学生配合，取得最佳效果。这就要求管理者既要把学生看成是被管理的对象，又要帮助学生树立思想意识和人生价值观。管理过程中，既要严格要求，又要尊重学生，充分发挥他们的自觉性、主动性。例如，学校管理者要经常倾听学生的意见和建议，培养学生主人翁精神。像魏书生管理学生那样，有关学生的事情，同学生商量着办。不能事事由学校下命令，由教师做出规定，让学生处于被动服从的地位。商量不是迁就学生，而是让学生懂得学校规定的意义，把规定和命令变成学生的自我约束和要求。

（二）树立正确的人才观

教育是培养人的社会活动。学生的主要任务是学习，有人认为学习成绩好的就是好学生，能考上高一级学校的就是人才。有人认为学习尖子将来可能是人才，学习差的也不见得不能成才，考上大学的是人才，考不上大学的也是人才。这实际上是人才观的问题。实践证明人的发展是有差异的，专家学者是人才，在平凡岗位上为人类做出贡献的也是人才。教育工作者应树立人才层次观念，要从单一的人才观转变为多层次、多规格的人才观，对每一个学生都抱有希望，努力培养他们成为各种人才。管理者要明确，人才不是天才，天才是人才中的出众者，是少数人。我们要建设具有中国特色的社会主义现代化强国，不是靠少数人完成的，而是需要教育培养众多的劳动者、现代管理人才、教育工作者、科学工作者、医务工作者、理论工作者等各种人才。这就要求管理者要面向全体学生，精心培养，引导和帮助他们成为各个领域各级各类人才。

（三）树立正确的质量观

关于教育质量问题是长期以来有争论的问题。主要表现在什么样的学生是好学生。有的认为学习好就是好学生，因为学习成绩可以用分数表示。有的学校规定，各科成绩达到 85 分或 90 分以上才能评为三好生。三好生应是全面发展的学生，且在全面发展基础上学有特色的学生。

全面发展的学生，不仅学习好，思想品德也应当好。但教师往往偏爱那些听教师的话，在常规教育下能遵守纪律的学生。那些不怎么听话，爱发表不同意见，爱提问题的学生，往往不受重视。事实上，有些调皮的学生，只要教育得法也能成才。从系统论角度分析，整体优才是最优。管理者不仅要面向全体，全面管理，还要实现学生的德、智、体全面发展。管理者绝对不能以个人好恶为标准评价学生，更不能把考试成绩优劣当作衡量标准。

（四）树立未来的观念

青少年是祖国的未来和希望，国家的兴旺都取决于下一代。青少年不仅是国家的未来，是现代化建设的希望，而且也是人类的未来。如果我们不重视青少年的教育，将要犯战略性错误。

教育是未来的事业，教育不但要为当前现代社会培养经济建设人才，还要预测未来，为未来社会预备人才，这是由教育的特点决定的。为此，教育要为学生将来成才打好基础，重视学生素质培养；做好学生思想品德教育，使学生学会做人；为学生打好知识能力的基础，使学生学会学习；为学生打好身体素质的基础，使学生健康成长。管理者要立足今天、反思昨天、探索明天，按照未来社会的需要培养学生，加强学生管理。

三、学生管理工作的内容

（一）学生学习的管理

学生的主要任务是学习，学生在学习过程中，能够形成良好的思想品德。因此，加强对学生学习的管理有重要意义。

1. 研究学生学习的特点

学生的学习与其他社会成员的学习不同。学生的学习有专职教师的指导，并且在特定的环境中进行，是一种认识活动。学生的这种认识活动是一种艰苦的脑力过程，要经过由不知到知、由知到用两个转化过程。其中由知到用的转化更为重要，因为通过知识的运用可以培养学生的能力，发展智力。学生的认识活动与人类的认识活动是有区别的。人类的认识活动是由实践到认识，再由认识到实践，这样循环往复，以至无穷。而学生的认识活动是理性认识开始，以掌握前人的经验为目的的，前人的经验是系统的理论。学生往往从实践入手，亲自探索、发现。学生学习的书本知识，是他人实践获得的认识成果，对学生来说是间接经验，加强学生学习的管理，就要重视理论联系实际的原则，除课堂教学管理外，还要加强课外、校外活动和各种科技活动的管理。通过各种各样的活动，开拓学生知识领域，开阔视野，丰富知识，接触实践，接触社会，更好地实现由知到用的第二个转化，开辟广阔的天地。但必须明确学生的实践活动，主要是为了更好地掌握知识。对于这个问题人们在认识上是有反复的。有时候强调学生的实践活动，忽视了学生认识活动的特点，而有时候又强调学习理性知识而忽视学生的实践活动。人们现在提出转变封闭式教学为开放式教学，重视学生能力的培养，重视学生的实践活动，这是正确的，但不能失控，应当吸取历史的经验教训，正确处理好学生读书和实践的关系，全面提高教学质量。

2. 研究学生的学习动机，培养学习兴趣

动机是直接推动一个人进行活动的内部动因或动力。学生学习动机是引起学生的学习活动并指引学习活动向一定目标进行。管理者要研究学生学习动机的形成规律，培养学生学习兴趣。怎样培养和激发学生学习的动机呢？要研究中、小学生学习动机形成和发展过程，一般情况下，学生开始学习时，是期望获得好成绩，这就是学生学习活动开始的动机。教师如果重视培养学习动机，就应结合各科特点，帮助学生取得好成绩，然后再进一步引导他们确立正确的学习目的。遵循学生学习动机形成和发展的规律进行教育培养，经常采用的方法有以下几种：

①帮助学生明确具体的学习目的任务及要求，明确学习某种知识的用途。

②帮助学生学懂学会，用学生学习成功的体验调动学生学习的积极性。

③培养学生自我评价的能力，使学生自觉地调节自己的需要和行为，逐步形成正确的学习目的。

④开展多种多样的实践活动，培养学生学习兴趣，激发学生的学习动机。

⑤通过先进的学习榜样，使学生在摸仿他人的学习过程中，逐步培养正确的学习动机。

3. 加强常规训练，培养学生良好的学习习惯。

学生掌握知识靠日积月累，学习能力靠长期训练，培养良好的学习习惯是学生学习的需要，也是教学的目的之一。加强学生的学习管理，应制定各种学习制度、学习常规。如课堂常规、作业规范化的要求等。实践证明，结合学校实际情况，制定出各种学习规则和生活制度，是学生在学校课堂、操场、实验室、图书馆等场所进行学习和活动时必须遵循的制度。这样可以更好地协调学生的集体行动，培养学生组织纪律性和有规律地学习和活动的习惯，从而养成良好的学习习惯，终身受益。

（二）学生集体的管理

学生是教育的对象。在教育过程中，教师大部分时间不是面对学生个体进行教育教学活动，而是面向学生集体进行教育的。也就是说学生个体和学生集体都是教育对象。学生集体不是单个人简单的相加，集体的目标、集体的舆论、集体给予每个人的权利和义务，把人与人之间有机地结合起来，并对每个人的思想、情感、意志、性格有重大影响。

在班级教育中，由于学生要完成统一的学习任务，他们的学习内容大致相同，年龄相仿，各班人数相差不多，这是形成班集体的有利因素，因此教育者在对学生教育时，要重视班集体的培养和发挥班集体在教育中的作用。

学校管理过程中，通过班主任的工作，把学生组成班集体，通过班集体对学生个体进行教育。班集体的管理一般有以下几个阶段：

1. 学生之间孤立联系阶段

新生入学之初，同学之间、师生之间互不了解或了解很少。教师应通过调查研究尽快把学习情况了解清楚，并组织有关活动，创造条件使学生彼此熟悉起来。

2. 学生之间形成核心的阶段

在学生交往中，教师要在全面了解的基础上，发现和培养积极分子，选拔班干部，以形成集体的核心。主要特点是建立各种组织机构。

3. 培养集体正确的舆论阶段

班集体的舆论有正确的和不正确的两种。正确的集体舆论靠教育培养。通过组织各项班级活动，扶植培养正确舆论。正确舆论的形成标志着班集体的形成。

4. 班集体目标确立阶段

有经验的班主任，在培养班集体的过程中，经常为班集体提出新的目标，使集体通过目标管理向前发展。班主任要发动和依靠学生确立班集体的长远目标和近期目标，使集体的每一个成员都明确班集体的目标，并根据集体的目标确立个体的奋斗目标。

在学生管理中，要重视学生集体的培养，关心集体的成长。在教育过程中，要发挥班集体的教育作用，依靠集体教育个人，通过个人影响集体。

（三）师生关系的管理

学生到学校学习，离不开教师的指导，而教师要教育培养下一代，这就形成了紧密联系的师生关系。在学生管理中要求教师尽力满足学生合理的要求和期望。在安排教师工作时，一定要考虑师生关系。

教师和学生是两个独立的实体。教师有自己的思想、观念、行为习惯，学生有自己的思想、观念、兴趣和爱好。师生之间有一致的地方，才能形成教育。学生对教师有依存感，同时又有独立的个性，特别是高年级的学生总希望摆脱教师的束缚和影响来考虑问题。这就形成了学生既有与教师配合接受教育的一面，又有排斥干扰教师教育的一面。教师希望培养出理想的学生，由于有年龄差别、思想观念的差异，反映在教育过程中，师生既有一致性，又有矛盾性。在学生管理中要协调师生之间的工作关系。特别要教育教师，正确处理师生之间的工作关系、人际关系、组织关系和非正式关系，把对学生的严格要求与尊重学生结合起来，发展平等的民主的师生关系。

（四）学生的自我管理

为了加强学生管理，还应培养学生自我管理的能力。青少年时期学生的自我意识进一步发展，在他们心目中形成了两个自我，一个是理想的自我，另一个是现实生活中的自我。如果这两个自我不相符合就会发生矛盾，使心情不安或感到痛苦。培养自我管理能力，管理者要帮助学生解决这一矛盾，学生追求理想中的自我，可能是一种英雄形象，这是积极因素，对学生有激励作用，应当给予鼓励、扶持。学生追求的自我也许是低于现实自我的一种形象，这是学生前进中的消极因素，应当帮助学生正确认识自己，抛弃低级趣味，让学生进入新的思想境界。要达到这一要求，必须教育学生在知、情、意、行几方面进行自我管理。

教育帮助学生提高认识，进行自我分析，自我观察，正确认识自己。培养学生积极的情感，引导学生进行自我体验，自我激励，确立奋斗目标，积极向上。有了过失，要自我分析，勇于改过自新。引导学生进行意志锻炼，创造条件让学生自己给自己制订计划，并督促学生实现自己的诺言，学会自我命令、自我控制，要自己战胜自己。在行为上能自我调节、自我修养、自我计划、自我检查，养成良好的行为习惯。

第二节　学生管理工作的基本原则

学生管理的原则是学生必须遵循的一些基本要求。它是根据学生管理的目标提出来的，也是学生管理工作经验的概括和总结，并在管理工作实践中不断发展和完善。

一、方向性原判

方向性原则要求管理者在学生管理工作中，把坚定正确的政治方向放在第一位，坚持四项基本原则，加强学生思想政治教育工作，并以此为指导思想组织各项教育教学活动。学校的一切工作都是以育人为目的，但学校育人是有方向性的。学校必须以坚持培养社会主义方向的各级各类人才为目的。

学生管理是一种有目的的活动。组织任何活动都有预定进程的指向，即管理的方向性。这个指向就是培养"四有"人才。学生管理是组织育人的活动，既有教育者的活动，又有受教育者的活动。因此，在学生管理工作中，首先要教育全体教职工，明确自己工作的目的性和方向性，使每个教育者的工作都符合总方向，并通过全体教育者的工作，帮助学生明确这个总方向，明确自己学习的方向、身心发展的方向，使教育者和受教育者统一思想、统一步调，互相配合，实现教育目的。

二、整体性原则

整体性原则要求管理者全面贯彻党的教育方针，以培养德、智、体、美、知、情、意、有个性特征的全面发展的人才为管理目标，使每个学生都得到全面发展。这是学生管理的出发点，也是学生管理的归宿。

要使学生德、智、体、美全面发展，必须施以全面发展的教育，四育是一个整体，各育有独特的任务和育人作用，它们之间不能互相代替。学生的身心发展也是一个整体，不能分解。特别是中小学生正处在身心发展的关键时期，绝对不能取此舍彼，他们的世界观、人生观还没有形成，身体正在发育期，智力能力和知识水平有待发展和完善，情感、行为习惯需要通过教育进行培养。因此学生管理要把各育看成是一个整体，把学生也看成是一个整体。只抓一育不符合青少年身心发展的规律，也违背党的教育方针。在实际工作中，虽然各育分开进行，但在育人方面，它们是相互渗透、相互促进、相互制约，缺一不可的，落实在学生身上是个整体。要使学生全面发展，必须施以全面发展的教育。

三、规范化原则

规范化原则要求管理者对受教育者进行规范化的培养和训练，形成受教育者良好的品德和行为习惯。

党的十三大和我国的《义务教育法》都提出提高全民族素质问题。古今中外的教育实践证明，民族素质的提高要从小抓起。青少年时期是长身体、长知识的时期，可塑性较大，良好的行为习惯容易培养，经过强化将为终生打下基础。普通教育要重视学生的政治素质、科学文化素质、智能素质和身体素质的培养，从小施以规范化的训练。在训练中要高标准严要求，并有一套制度保证。学生一系列的行为模式不仅受社会传统观念、文化风俗的影响，还受规章制度的约束。贯彻规范化原则，要制定一系列科学的、可行的规章制度，用制度规范人的行为。如上课要有上课的制度和纪律等。学生从小培养遵纪守法的习惯，将来走向工作岗位，就会有良好的行为习惯和良好的作风。

四、疏导原则

学生管理要从管训型转化到疏导型。青少年学生是正在成长中的一代，他们的生理、心理正在发展，知识和生活经验还不丰富，分辨是非的能力差，难免出现这样那样的问题。管理者对待学生的问题，要坚持疏导的原则方法。这是思想政治教育的基本原则。在教育实践中，在处理学生问题的过程中往往过于简单或急躁，习惯于用禁、堵、防的办法和看管的方法。实践证明有时禁而不止，防不胜防，堵又堵不住，使学生管理工作处于被动、无力状态。特别是当前网络等多种渠道的信息使学生看的多听的多，思想活跃。青少年精力充沛、兴趣广泛、好奇心强，用禁、管等消极限制的办法是不行的，必须因势利导。

广大教育工作者创造了许多行之有效的疏导方法，我们可以借鉴，如有的用论理疏导法，以理疏通思想，晓之以理，提高学生的认识，分清是非，让学生自己改正缺点和错误。用论理疏导法，关键是理的真理性、针对性。有的用比喻疏导法，用类似旧事物，比喻要说明的道理和问题，使受教育者受到启发，茅塞顿开。既生动有趣，又达到了思想政治教育的目的，效果较好。有的用感化疏导法，即动之以情，以情感人。因为学生是有个性、有思想感情的个体，有自己的需要、愿望和人格尊严。教师输出什么样的感情，他们便以同样的感情回敬教师。还有的用榜样疏导法，以生动具体的形象进行感知教育，让学生自己去观察、对照、效仿。有的用争辩疏导法，一般是组织辩论会，让学生在争辩中明事理，自己教育自己等。总之，在学生管理中，广大教育工作者创造了丰富的经验，疏导的方法仅是其中一种方法。

第三节　教师管理的地位和作用

教师是教育事业发展的基础，是提高教育质量的关键。在教育过程中应加强教师工作薄弱环节，创新教师管理体制机制，以提高师德素养和业务能力为核心，全面加强教师队伍建设，为教育事业改革发展提供有力支撑。

一、教师管理的地位

（一）教师管理是教育管理的重要内容

强教先强师，对教师人才资源的开发，历来是教育管理的重要内容，是维持教育正常运转的基本条件。教师管理的内容丰富，主要涉及教师编制、教师专业标准、教师资格和准入制度、教师聘用制度、教师地位待遇等内容。一方面，通过教师管理提高教师地位，维护教师自身权益，改善教师待遇，使教师成为受人尊重的职业，满足教师的基本需求。另一方面，通过严格规范教师资质，提高培养培训水平，提升教师素质，形成一支师德高尚、业务精湛、结构合理、充满活力的高素质专业化教师队伍。

（二）教师管理是教师队伍建设的制度保障

教师队伍建设是一个系统工程，包括教师的培养培训、准入制度、资格标准、聘用考核、退出机制等方面，要对教师基本情况、需求状况（入学人数、学生学习指导时间、教学负担、入学率等）、教师补充等进行系统分析。

衡量一种职业在社会上的地位，一般以经济待遇、社会权益和职业声望三方面作为评价标准。为了使国家在激烈的国际竞争中不被淘汰，发展教育成了社会共识，而提高教师社会地位、吸引高水平的人才从教，也就成了各国的共同任务。这首先表现在大幅度提高教师工资；其次是实行教师资格准入制度，教师职业已经成为一门专业，进入教师行业必须经过严格训练和选拔。世界范围内教师的社会地位在不断提高。特赖曼 1977 年回顾分析了 53 个国家的 85 项研究。其结论是，教师职业的地位在整个职业范围内是比较高的，教师职业的社会地位明显高于熟练的技术人员和白领职业以及其他社会工作者。

二、教师管理的作用

教师的主要职责是"传道授业解惑"，而教师管理的作用是维护师德、促进教师专业发展、保持结构合理、激发活力。

（一）维护教师高尚师德

学高为师，德高为范。高尚的师德，是对学生最生动、最具体、最深远的教育。师德历来是教师队伍建设的首要问题，历来被各国所重视，常常作为评价教师的首要标准，将师德表现与教师的成长和专业发展紧密联系起来。当好教师，没有捷径可走，对工作的无限热情，对学生潜力的无限信任，对每天工作取得进步的强烈渴望，对学生成功的欣赏，工作中富于激情、技巧、紧迫感和对学生的爱，这些都是全世界优秀教师身上表现出的共同特点。

师德为先，体现了教师专业的特殊要求，体现了没有爱就没有教育的理念。2005 年，我国教育部印发了《关于进一步加强和改进师德建设的意见》，提出了师德建设的思路、任务和措施。2008 年，教育部和中国教科文卫体工会全国委员会联合修订颁布《中小学教师职业道德规范》，提出"爱国守法、爱岗敬业、关爱学生、教书育人、为人师表、终身学习"六个方面的规范要求和"不得有违背党和国家方针政策的言行；对工作不得敷衍塞责；不讽刺、挖苦、歧视学生，不体罚或变相体罚学生；不以分数作为评价学生的唯一标准；自觉抵制有偿家教，不利用职务之便谋取私利"的禁行性规定。2011 年，教育部和中国教科文卫体工会全国委员会联合颁布《高等学校教师职业道德规范》，提出了"爱国守法、敬业爱生、教书育人、严谨治学、服务社会、为人师表"六个方面的规范要求和"不得有损害国家利益和不利于学生健康成长的言行；不得损害学生和学校的合法权益；不得从事影响教育教学工作的兼职；坚决抵制学术失范和学术不端行为；坚决反对滥用学术资源和学术影响；自觉抵制有损教师职业声誉的行为"。

（二）促进教师业务精湛

国家通过颁布教师专业标准，严格教师资格和准入制度，推进教师聘用制度，加强教师培训等方式，促进教师专业能力提升。在很多国家，教师年龄老化、收入低下和高水平教师短缺已经成为越演越烈的事实，这将进一步影响一名合格教师的培养。国家要制定激励政策吸引有能力的潜在教师和离职教师，避免缺少教学能力的人进入教师行列，留住当前在职的优秀教师，淘汰不合格不尽职的教师，为此教育管理部门需要出台一系列增强教师吸引力的政策，需要吸引年轻教师和高素质教师，加强教师培训和认证，通过高质量的培训激励有抱负的教师长期从教，通过教师从业标准，进行更为严格的课程内容、基本能力和相关科目的水平考试，提高教师的公众形象，赋予教师更多的教学自主权。在用人制度、工资水平、薪酬结构、评估体系、教育投资等方面赋予教师更多的自主权；把教学质量与工资收入挂钩，提高教师的工作积极性。

（三）保持教师队伍结构合理

各级各类教育行政机构通过教师编制管理，确定师生比例、班级师生比例，合理配置教师资源，保持教师在区域、学段、学科等方面的供求关系总体平衡。

教师供需管理涉及五个要素：教师需求量、潜在的教师供应量、教师市场结构、教学力量（教师质量）、教学质量（教学技术和学校环境）。同时，还要考虑教育系统外的工作条件、发展机遇和比较优势以及教师工会的作用，动态调整教师的地位和待遇，保持教师职业的吸引力。

（四）激发教师工作活力

国家通过提高教师待遇，实行绩效评价、提供培训机会和升级晋职等方式，保持教师工作的激情和活力。在我国，建立了统一的中小学教师职务体系，并将最高职务等级提高到正高级教授水平，提出了教育家发展目标。这是通过升级晋升的方式激发教师工作活力的主要表现。2008年年底，国务院常务会议通过《关于义务教育学校实施绩效工资的指导意见》，规定从2009年1月1日起在全国义务教育学校实施绩效工资，确保义务教育学校教师工资平均水平不低于当地公务员平均工资水平，新的工资体系由基本工资和绩效工资两部分构成，而绩效工资又分为基础性绩效工资和奖励性绩效工资两部分。基础性绩效工资突出体现工资的"保健"作用，奖励性绩效工资则重点发挥绩效的"激励"功能。由此可见，绩效工资的实施虽然备受争议，但其初衷仍然是通过实行绩效评价激发教师的工作动力。

三、教师管理的关系

（一）教师管理与管理人员的管理

1. 教师不同于管理人员，应对教师施行柔性管理

卡尔·E. 韦克认为，组织中的很多要素之间并不是像科层设计那样紧密联系，很多组织内部要素实际上是松散地联系在一起，每一要素都保持了自身的独特性，也存在某些物质或逻辑上的分离，教育组织是松散耦合组织最好的例证。松散耦合即组织的规范结构与行为结构之间的联系是松散的，规则并不总是能够制约行动，某些规则的改变可能并不影响行动，反之亦然。霍伊人等指出，学校中可能至少有两类组织。一类是负有制度与管理职能的科层组织，具有较为紧密的层级关系。另一类是专业组织，负责实际

的教与学的技术过程，具有松散耦合的特点。在教师专业领域，柔性管理可以激发教师的自主性和创造性，从而实现自身价值，过多的科层控制会束缚教师的创新精神，因而在专业领域，需要给教师更多赋权。但在行政事务方面采取更多的制度化管理是必要的，学校脱离规章制度和科层约束是难以想象的。应真正把教师当成"人"而不是"物"来管理。如行政人员把教师当成实现个人政绩的工具，这事实上也是把教师当物看。因此，教师只是受聘于教育教学工作，而不是他人的财富，学校行政必须根据相关法律条文以及教师聘任合同要求教师从事其应该做的工作，而不是要求教师"规训化"的服从。

2. 正确处理行政人员的权力与教师的权利之间的关系

学校行政人员作为学校的管理者，自然具备多方面的权力，如教育教学管理权、校务工作综合管理权、人事管理权和校产管理权。以上这些权力可以看作是校长法定的权力，但一个优秀的行政管理人员一定是善于合理运用权力的人。现实中很多行政管理人员只重视手中法定的权力，忽视了其他权力，导致工作开展困难。罗纳德·G.科温专门研究了学校中的教师冲突，发现在科层取向的学校中，管理者使用较多的法定权力解决问题，教师和管理者的冲突非常多，多达一半的教师冲突都发生在教师和管理者之间。

教师的权利分为两类：一类是法律规定的教师应有的权利，另一类是教师作为一个人，作为一个社会公民所应具有的基本权利。按照康德的理解，一个人的权利包括天赋的权利和获得的权利，天赋的权利是每个人根据自然而享有的权利，它不依赖于经验中的一切法律条例，获得的权利是以经验中的法律条例为根据的权利。就此来看，行政权力不是无限的和无边界的，学校行政在行使行政权力的时候，应当尊重教师的权利，尊重教师法定的权利和教师作为一个公民所应具有的权利。

行政权力要着重维护好教师如下两个方面的权利：

①教师的专业自主权。教师劳动和一般工业生产是完全不同的，这需要教师有自己的专业自主权。进行教育教学活动，开展教育教学改革和实验，从事科学研究、学术交流，参加专业的学术团体，在学术活动中充分发表意见等都是教师具有的权利，也是教师的专业自主权，行政管理人员需要充分尊重教师的专业自主权，不能随意干涉教师的教育教学自主权。当然，这不是说学校不能对教师的教育教学进行监督和评价，相反，监督和评价是必要的，但是需要建立在尊重教师专业自主权的基础之上。

②行政权力要维护教师参与学校管理的权利。教师参与学校管理可以通过教代会、工会、支部委员会、教研组等途径，也可以以教师代表的身份直接参与学校管理。参与管理的内容应当是和教师利益密切相关的事项以及有利于发挥教师专业职能的事项，如职称评审、绩效工资改革、学校领导评价、课程设置等。教师参与管理是有限度的，不是每个教师都有很高的积极性参与学校管理，也不是每个教师都善于学校管理，学校行

政更不能完全放权于教师。因此，如何把握好教师参与的"度"是学校行政管理人员领导水平的体现。

（二）义务教育教师管理与非义务教育教师管理

世界各国义务教育阶段的教师法律地位大致上可以分为三种性质不同的类型：由政府任命的教师，其法律地位为公务员；由政府雇佣的教师，其法律地位为公务雇员；由学校雇用的教师，其法律地位为学校雇员。从世界范围来看，德国、法国、日本等国家都把中、小学教师定位为公务员或教育公务员，可强制性地对教师在校际之间做出调配，通过行政手段达到均衡配置义务教育阶段师资的目标。具有公务员身份的教师往往具有相当高的职业保障，待遇和权益都有较好的保障。在美国、英国、加拿大、澳大利亚等国家，一般都把义务教育教师定位为公务雇员。教师由教育行政部门任用，并与之签订雇用合同。在欧洲，也有部分国家将义务教育阶段教师直接定位为雇员，由校长雇用，但由政府支付工资。在职业生涯中要流动 4~5 个学校；而非义务教育教师等同于职员，采取聘任制度。

我国教师法律地位在不同阶段有不同的表述和规定。中华人民共和国成立以后，教师连同其他事业单位的工作人员与政府部门的工作人员一起，统称为国家干部，在任用、晋升、工资福利、退休、奖惩等方面一直适用于国家干部管理的一套政策法规。1993 年的《教师法》正式确立了教师新的法律地位，把教师定位为履行教育教学职责的专业人员。从《教师法》的规定来看，我国教师其实属于学校雇员。

事实上，我国有必要建立独立的教育公务员制度或者至少把义务教育教师规定为国家机关工作人员。因为教育是一项公益事业，尤其是义务教育教师的教育活动其实是在执行国家公务，这也是很多国家都把教师纳入公务员系统的重要原因。把教师纳入教育公务员或者国家机关工作人员系统，不仅可以保障教师的合法权益，而且有利于保障教育教学工作的顺利开展和师资的均衡配置。

（三）学校教师管理与社会教育机构教师管理

在现代社会中，学校成为教育的主体，社会教育是学校教育的有益补充。社会教育机构有儿童活动中心、图书馆、电影院、主题公园、青少年宫、科技馆、业余体校、业余艺术学校、夏令营、冬令营及各种专业辅导机构等。

学校和社会教育机构之间经常性的教师交流是有必要的，也是有益的，可以实现资源共享、互通有无。如今的学校系统已经不再是围墙之内的独立体系，开放性是学校的一大特点。社会教育机构严重缺乏骨干教师，教师队伍不稳定。因此，校外教育机构也经常聘请校内教师，以专门活动的方式学习某些专业知识和专业技能，如舞蹈、器乐、声乐、航模等；也有些专业的辅导机构直接聘请学校教师从事学科专业知识培训。社会教育机构在聘请学校教师的同时，也学习学校规范的教师管理制度。另外，学校也经常邀请社会教师作为学校兼职教师或客座教师等。学校教师和社会教师之间交流涉及的管理问题包括校外教师参与校内教育时其资格条件是否符合要求、校内教师是否为了谋利参与校外教育活动而影响学校正常工作等。

第四节　教师管理现状与教师管理制度创新

一、教师管理现状

（一）教师编制管理

编制管理是教师管理的重要组成部分，合理配置教师资源、提高教育质量和办学效益意义重大。2001 年，国务院办公厅转发中央编办、教育部、财政部《关于制定中小学教职工编制标准的意见》，这是中华人民共和国成立后颁布的第一个权威性的中小学教师编制标准。2009 年，中央编办、教育部、财政部印发《关于进一步落实<关于制定中小学教职工编制标准的意见>有关问题的通知》，提出在总量控制和统筹使用的基础上动态调整教职工编制的意见。这些政策取得了明显效果，主要表现为以下几点：

①教师数量总体基本满足教育发展的需要。

②教师性别比例基本适当，但不同阶段和不同区域有较大差别。从教师结构分析，男女教师数量基本接近。

③在学科结构方面，基础教育各阶段学科教师配置较为合理，但区域之间还有较大差别，农村教师学科结构依然有待优化，农村教师结构性紧缺依然存在。

④从教师质量来看，我国教师素质也在逐年提升。2009 年，全国小学、初中、高中教师学历合格率达到了 99.40%、98.29% 和 93.61%。但教师学历情况的城乡差异依然很大。另外，由于我国教师配置具有等级性和偏向性的特点，城市学校多配置重点大学毕业生，而农村地区只能配置地方院校或普通学校毕业生。

（二）教师专业标准

教师专业化是当前我国师范教育改革的核心问题，教师专业标准是决定教师专业发展方向的根本问题。20 世纪末，教师专业化成了全球教师教育改革的主要趋势。许多发达国家与地区在法律、经济、政策等方面担当起推进教师专业化责任的同时，也大都重视教师专业标准的制定，意在通过建立在教师专业标准上加强教师队伍建设、提高教师质量，以指导教师专业化进程向着预期的目标发展。

制定教师专业标准和质量评估标准，对保障教师质量、促进教师管理规范化具有重要意义。2012年，教育部颁布《幼儿园教师专业标准（试行）》《小学教师专业标准（试行）》《中学教师专业标准（试行）》，对教师的专业理念、专业知识和师德等方面进行了详细规定。这是我国第一次颁布教师专业标准，是国家对中、小、幼教师专业素质的基本要求，是教师实施教育教学行为的基本规范，是引领教师专业发展的基本准则。

（三）教师准入管理及入职管理

1. 教师资格制度

教师资格制度是国家保证教师质量的基本制度，也是提高教师职业专业性的重要前提。近100多年来，世界各国纷纷确立了教师资格制度。我国《教师法》提出"国家实行教师资格制度"，并规定了获得教师资格的基本条件、教师资格认定和丧失的原则及申请、认定教师资格的基本程序。1995年颁布《教师资格条例》，同年颁布《教师资格认定的过渡办法》，面向社会对《教师法》颁布以前的在职教师进行资格认证。2001年教育部印发《教师资格证书管理规定》，教师资格制度得到进一步发展。2009年教育部颁发《关于进一步做好中小学教师补充工作的通知》，确立了公开招聘、凡进必考的办法。根据《教育规划纲要》精神，2011年，教育部颁发《关于开展中小学和幼儿园教师资格考试改革试点的指导意见》和《中小学教师资格定期注册试行办法》，制定了《中小学和幼儿园教师资格考试标准》及32个考试笔试和3类面试考试大纲，建立了教师定期登记制度，率先在浙江、湖北两省开展试点，逐步形成"国标、省考、县聘、校用"的教师准入制度。

2. 新教师入职

美国学者理查德·英格索尔的研究表明，刚入职一年的新教师最容易流失，流失率达29%，而薄弱学校教师流失率更高，以刚入职一年的教师为例，其流失率高达61.90%。因此，做好新教师的入职安排，落实教师试用期制度，对促进教师的专业发展至关重要。

（1）新教师入职安排

首先，新教师的工作安排要遵循互补的原则，即考虑新教师和团队其他成员在个性特征、能力特点、性别、年龄等方面的不同特点，进行有层次的安排。其次，了解新教师的特点，做到知人善任、用人所长。最后，为了帮助新教师尽快适应其角色，还需要提供一系列的帮助和支持，教育家詹姆斯·科南特为此提出了若干建议。他认为学区董事会应当采取如下建议：限定教学职责；帮助收集教学材料；减少有经验教师的工作量，以便他们能在课堂上与新教师一起工作；把新教师无法应付的问题学生安排给更有经验的教师管教；根据社区、附近环境和学生的特点，开展专门的教学。

（2）新教师入职教育

入职教育被认为是稳定教师队伍、促进新教师专业发展的重要举措，而受到各国的重视，如日本的"新任教师研修制度"、英国的"新任教师见习期制度"、澳大利亚的"新教师指导计划"、美国的"新教师试用制"等，我国也在推行新教师的见习制度。教师入职教育主要内容如下：了解学校的基本信息，与其他教师相互交流，以让新教师感觉受到欢迎且有安全感；熟悉学校各项规章制度以让其成为团队中的一员；促进新教师教学能力的提升，熟悉各种教学资源的使用，以鼓励其获得优异成绩；了解教师的权利义务，形成从学生到教师的角色转换；熟悉有关社区、学校、员工和学生的基本信息，以适应工作环境等。

3. 教师试用期制度

我国的政策法规对教师的试用期有相应的规定。《教师法》第十三条规定，取得教师资格的人首次任教时应有试用期。《劳动合同法》对试用期的期限进行了较为详细的阐述，劳动合同期限 3 个月以上不满 1 年的，试用期不得超过 1 个月；劳动合同期限 1 年以上不满 3 年的，试用期不得超过 2 个月；3 年以上固定期限和无固定期限的劳动合同，试用期不得超过 6 个月。国办发 [2002]35 号文件《关于在事业单位试行人员聘用制度的意见》，关于试用期的规定对大、中专应届毕业生做出了要求，其试用期可以延长至 12 个月。因此，按政策规定我国新录用教师如果是大、中专应届毕业生，其试用期应为一年；如果不是应届毕业生，其试用期为 6 个月。

我国对试用期的规定主要是对试用期时间长短做出了明确的要求，但还没有针对试用期教师的考核制度以及不合格教师的退出制度，从这一点来看，借鉴国外的有益经验是必要的。以美国为例，其公立学校的试用期一般为 1 ~ 3 年，试用期满，学区教育理事会具有是否续约的决定权，如果决定不续约，学区教育理事会有权单方面解除聘约。美国试用期评价方案有两种基本类型：特征评价方案和结果评价方案。在特征评价方案中，根据预先确定的工作特征指标，对教师的工作表现进行等级评定，以确定教师工作绩效水平。结果评价则是将教师的工作绩效与教师自己制定的和领导同意的工作目标进行对比。试用期教师绩效评价指标主要包含教学指标、专业素质和个性特征三个方面。在确定指标后，把每个指标细化成可操作的三级指标进行量化评分，以确定新教师的绩效表现。最后，通过录用教师的绩效表现决定其去留。因此，我国可以借鉴国外经验，建立试用期教师考核标准，并以此作为其是否适合从事教育工作的依据。

（四）学校教师资源开发

1. 教师需求分析

（1）教师数量和质量需求分析

①教师需求量取决于两个重要参数，一是在校生人数，二是教师编制，即师生比。而在校生人数又取决于各年龄段学龄人口数和各阶段学校学生的入学率。学龄人口预测常见的模型有年龄移算模型、凯菲茨矩阵方程模型、莱斯利矩阵预测模型及我国学者宋健等人在 20 世纪 80 年代初提出的人口发展方程模型等。根据学龄人口数和学生的入学率便可以计算出各阶段学校的在校生人数。在计算出在校生人数以后，根据教师编制的规定就可以得出教师需求总量，在教师需求总量中减去现有教师数量便可以得出教师需求数量。②教师质量需求分析主要针对学历，但是也要根据学校自身发展的需要，提出骨干教师、优秀教师、学科带头人、权威教师、高职称教师等的要求。

（2）教师结构需求分析

教师结构主要指教师专业结构、知识结构、性别结构、年龄结构、能力结构和职称结构等。①我国各级各类学校实行分科教学，教师的配置按不同的学科专业进行配置，专业结构即各学科教师构成。②教师的知识结构既包括专业性和教育性的理论知识，又包括教师在教育教学中不断摸索和总结出来的经验性的实践知识等，每个教师的知识结构都是不一样的。③性别结构指教师群体中男性和女性所占的比例。④年龄结构指教师群体中不同年龄段教师所占的比例。⑤能力结构指教师群体中教师一般能力以及特殊能力的构成状况。一般说来，学校要按照课程开设情况配齐各科教师。在知识结构、年龄结构和能力结构方面按照互补的原则进行教师配置，即把不同知识结构和能力结构的教师相互搭配，年龄上老、中、青结合，性别平衡，各种职称比例合理。

2. 教师资源开发的途径和考核

①学校内部选拔。当一个数学教师岗位出现空缺时，其他科目充裕的教师可以填补这个空缺，一个后勤人员有时也可能填补教学岗位。但是这种方式可能造成那些平庸的人得以任用和社会优秀人才的埋没。

②在高校直接选拔应届毕业生。这种方式目前已经成为主要的教师补充途径。

③接受应聘者到本校应聘。

④通过人才市场进行招聘。

⑤通过人事部门组织的考核录用等途径选拔教师。目前，大多数省区实施"国标、省考、县管、校用"制度，严格教师准入资格。

考核一定要遵循公平、合法的程序，最终选拔出能胜任其岗位并且符合学校战略发展的人才。

（五）教师聘任制度

1. 教师聘任的法律依据

聘任制是教师管理制度改革的核心内容。2000 年，中组部、人事部、教育部印发《关于深化高等学校人事制度改革的实施意见》；2003 年，人事部、教育部印发《关于深化中小学人事制度改革的实施意见》，提出按需设岗、公开招聘、平等竞争、择优聘用的原则，推进定编、定岗、定责，推进人员分类管理，完善岗位等级体系，促进教职工由身份管理向岗位管理、由固定用人向合同用人转变，为建立与学校分配制度改革衔接、配套的政策体系和岗位绩效工资制度奠定了基础。2008 年，山东潍坊、吉林松原、陕西宝鸡三地市开展中小学教师职称制度改革试点，2011 年在全国进一步扩大试点工作。

我国相关法律法规明确了实行教师聘任制度，并对教师聘任制的有关事项进行了较为详细的规定。《教育法》《教师法》都要求学校和其他教育机构应当实行教师聘任制。《2003—2007 年教育振兴行动计划》则提出依照按需设岗、公开招聘、平等竞争、择优聘任、严格考核、合同管理的原则，推行中、小学和中等职业学校教职工聘任制度，实行资格准入、竞争上岗、全员聘任，大力推进高校教师聘任制度的改革。上述规定或要求为我国教师聘任制度奠定了法理和政策依据。

2. 教师聘任合同

据 2007 年新修订的《劳动合同法》规定，劳动合同应当具备以下条款：①用人单位的名称、住所和法定代表人或者主要负责人；②劳动者的姓名、住址和居民身份证或者其他有效身份证件号码；③劳动合同期限；④工作内容和工作地点；⑤工作时间和休息休假；⑥劳动报酬；⑦社会保险；⑧劳动保护、劳动条件和职业危害防护；⑨法律、法规规定应当纳入劳动合同的其他事项。

3. 教师辞聘

辞聘是教师在聘任合同期内提出解除合同的要求。《劳动合同法》第 37 条规定：劳动者提前 30 日以书面形式通知用人单位，可以解除劳动合同。劳动者在试用期内提前 3 日通知用人单位，可以解除劳动合同。教师辞聘可以分为三种情形：①如果教师与学校协商达成一致，就可以随时解除聘用合同。②按照 2002 年发布的《关于在事业单位试行人员聘用制度意见的通知》的规定，如果有以下四种情形之一的，教师可以随时解除聘任合同：在试用期内的；考入普通高等院校的；被录用或选调到国家机关工作的；依法服兵役的。③如果教师与学校协商未果，教师应当继续履行职责，6 个月后再次提出解约，按照《关于在事业单位试行人员聘用制度意见的通知》的规定，即使学校不同意解聘，教师都可以单方面解除合同。

4. 教师的解聘

《教师法》规定，学校解聘教师的法定事由有三项：故意不完成教育教学任务给教育教学工作造成损失的；体罚学生屡教不改的；品行不良、侮辱学生、影响恶劣的。具有以上情况之一者，学校可以解除聘任合同，但必须提前 30 日以书面形式通知教师。对在试用期内被证明不符合本岗位要求又不同意单位调整其工作岗位的，学校可以随时单方面解除聘任合同。

（六）教师薪酬管理

在我国教师管理实践中，教师激励不足、劳动报酬主要取决于教师资历和岗位等问题。同时，在城乡、不同区域以及同一区域内不同学校之间教师工资的差距较大，不利于教育均衡发展。为改善这种状况，我国实行绩效工资制度。2008年，人力资源和社会保障部、财政部、教育部联合下发《关于义务教育阶段学校实施绩效工资的指导意见》（以下简称《意见》）指出，从2009年1月1日起实施绩效工资。实行绩效工资制度，一方面建立教师激励机制，促进教师专业发展，调动广大教师的工作热情，激励广大教师把聪明才智投入到教育教学中，为学生提供更高质量的教育服务。同时，实施绩效工资向农村教师倾斜的政策导向，吸引优秀人才在农村从教。政策同时规定，学校以往发放的津贴补贴在统一规范的基础之上纳入绩效工资，所需经费全额纳入财政保障，学校各种非税收入一律按照国家规定上缴同级财政，严格实行"收支两条线"管理，以缩小重点学校和薄弱学校之间教师的收入差距。

（七）教师健康现状

教师健康状况是深受各界关注的一件事，党和政府对教师健康也给予关怀，但我国教师健康状况却不容乐观。最近一项调查采集了4305名中小学教师的样本进行分析，检测出有高脂血症的占18.05%，有脂肪肝的占17.79%，有高血压的占15.26%，有胆管疾病的占13.96%，有高血糖的占11.94%，有肥胖症的占9.92%，有颈椎病的占8.25%，有高尿酸血症的占7.64%。另一项针对女教师健康的调查同样表明教师身体状况需要引起高度重视。从1046名女教师体检情况来看，患有乳腺增生528人，占体检人数的50.48%；月经失调236人，占体检人数的22.56%；高血压153人，占体检人数的14.63%。

除身体健康外，教师心理健康问题同样不能忽视。最近，有学者针对某省教师心理健康进行了调查分析，发现34.9%的教师存在轻度心理问题，12.4%的教师存在中度心理问题，2.2%的教师存在严重的心理问题。其实，身体健康和心理健康是相互影响的，心理上的问题常常导致生理出现疾病，教师过度的焦虑、忧愁、烦恼、抑郁、愤怒，都会导致生理上的异常或病变。而身体的疾病也常常导致心理的不健全，使其产生焦虑、忧愁、烦恼、抑郁等不良情绪，从而影响其情感、意志、性格乃至人际关系和谐。我国教师身心健康问题应当引起社会、政府及各级教育管理部门的重视。

二、教师管理制度创新

（一）创新学校管理，以教师为本，促进可持续发展

学校管理者的素质决定着学校发展的结果，而学校管理者——校长的管理能力是学校发展的动力，影响着学校的发展。以教师为本的管理要重视管理，调动教师的积极性。

随着现代社会人类文明的发展，人的权利受到了前所未有的重视。"以人为本"的理念使管理呈现出"服务"的价值观。学校最根本的构成就是学生和教师，是以人为基础的教育服务机构。学校的一切发展都要以人为本，促进学校的可持续发展，所以当今学校管理追求"管理即服务"的现代宗旨。针对学校，教师资源的丰富和管理是学校管理中的重中之重。

学校管理的出发点和归缩要始终定位于人的和谐发展。始终把人放在管理的中心位置。在学校管理中要尽可能关注人的身心健康成长，要追求人文关怀，不搞专制，允许有不同声音。学校要重视在领导和员工、教师和学生、学校和家庭之间架设心灵的桥梁，加强沟通，促进理解。学校管理者对教师在实施制度化管理的同时，要坚持人性化管理，强调人情化关爱。注重营造教职员工之间志同道合、彼此尊重、相互信任、团结协作、宽松温馨的工作氛围；努力形成平等、和谐、富有人情味的人际关系，真正做到全校上下政令畅通、部门之间团结协助。只有在这种和谐的氛围下，学校的各种管理制度才会更好地实施，和谐校园的构建才能得到落实，共同发展的希望才会有可能。

部分学校师资力量，还有待提高，所以在现在有限的教师资源的情况下，人性化管理就显得尤为重要。因此教师的管理更需要体现以人为本的管理方式，以提高教师工作积极性，提高办学质量。在教师参与层面，教师发展是推动学校发展、实现育人目标的主要动力，学校领导集体的核心任务是为教师的发展搭桥铺路。作为校长，就应该引领团队致力于建构以教师发展为本的服务机制，以促进学校持续发展为根本。在教育改革的背景下，改革中常会有从上而下、过多过快的现象产生，使得教师只能被动接受。第一，学校管理中，可结合学校的实际，通过主体性的教育实践，使学生成为主体性的学习者，使教师成为主体性的自我劳动价值的创造者。实现这一转换，除了在理性上提升教师和学生自我认识之外，在操作上还可明晰"为谁而学，为谁而干"。只有这样，才能进一步推动教学参与者的自我超越，实现人的自我价值新创造。第二，可创造教师自我发展的专业氛围，首先要构建和谐的学校文化和促进社会关系正常化。其次领导与教工的关系是事业伙伴的关系；教师与教师的关系是合作搭档、朋友的关系；教师与学生家长是"君子之交淡如水"的关系；教师与学生的关系是人格平等、同窗学友的关系。最后学校可通过坚持民主与尊重，改变评价方式、减轻心理负担等人本化管理策略、引导教师积极参与校本管理。第三，以教师个人的专业成长来突出学校的办学形象，体现教师个性化。学校管理者要认识到"大师者，精深于学问之本体者也"的思想，给教师提供专业发展的空间和帮助。

（二）创新学校教师管理机制，建设自由团结的学校组织

现代学校只有站在新起点，谋求新发展，解放思想、创新机制，推行大部制改革，才能使运行机制更顺畅、团队凝聚力更强、工作作风更务实，才能建设出具有独特文化的特色校园。在教师管理机制中严格教学质量的同时应建立教师的学校主人翁意识。在要求教师教学质量的管理中，第一，建立科学有效的教师管理考核指标体系和考核办法，进行全面、全员、全程管理。创新常规管理方法，利用课余充足的时间对教师工作进行总结、批评和奖励并进行教师专业提高学习；强化过程管理，将过程督导与结果评比相结合。第二，加强教师平时任教水平及任教态度的监管。可将期中抽查与期末统考相结合；促进可持续发展教育，深入关注学生成绩与关注教师业务素质提高相结合。第三，加强教学常规管理，全面提升教学质量。要求教师的教学达到理念要"新"，备课要"深"，授课要"实"，教法要"活"，活动要"勤"，作业要"精"，要求要"严"，辅导要"细"，负担要"轻"，质量要"高"的目标，并在教学研讨中进行改进和深化，将教学管理的重心指向课堂，加大课堂的巡查力度。落实常规教学，使常规教学管理实现制度化、经常化，可多进行互相听课、评课的教学取经活动，使教师的教学水平在互相学习和改进中集体提升到新的高度上。第四，加强从教行为的规范管理，对教师讲台上的仪表、仪态以及考试、阅卷工作严格要求，使其操作规范。在建立教师学校主人翁意识中，可建立激励机制。以人为本重视教师地位，开展教师之间评比，促使每个教师都专心于教学工作中去。同时让教师参与到管理中，参与决策，并在一定程度上采用教师建议，使教师产生满足感，从而积极地为学校建设做出贡献。

另外，对于部分学校现在需要解决的是师资的问题，学校教师中老年教师偏多，青年教师较少，虽然近两年新教师逐渐分配进老教师队伍中，但仍不足以弥补师资空缺，使得教师年龄断层。所以为了将学校教学质量提高上去，在教师的管理中就需要采取老教师鼓励新教师的原则，使所有教师都能全身心地投入到学校的建设中。因此对于教师的管理和激励就是学校管理的重点，而首要任务就是对这些教师进行人性化管理，稳定老教师的同时激励新教师。在学校管理上注重细节、形成特色，坚持"以人为本"、人文与制度相结合的现代管理理念。同时，结合校情进一步完善管理制度，适当地将老教师纳入管理层中，激励老教师全身心地投入到教学工作和管理辅助工作中去，同时为青年教师提供锻炼的平台，提高教师的实践创新能力。以"专业引领，名师点拨，同伴互助，自我反思，共同成长"为策略，对青年教师进行教育理论、教学技能、教学研究的"传、帮、带、导"，促使青年教师专业成长。在教学质量的保证上，狠抓教学常规管理，以强化过程管理为手段，提高教学质量；以提高教学质量为突破口，实施素质教育；以素质教育为支撑点，实现教育均衡发展。

第七章　学校领导体制与领导艺术

第一节　领导艺术概述

领导艺术是领导学理论体系中的重要组成部分，有着十分丰富的内容。领导者要提高领导效能，实现领导目标，就要深入研究和熟练运用领导艺术，不断提高领导艺术水平。

一、领导艺术的概念

在领导活动中，常常出现这样的现象：同一级的领导者，在同样的领导条件下，运用同样的工作方法，完成同样的任务，结果却截然不同。有的得心应手，事半功倍；有的却方寸大乱，事倍功半。究其原因，主要是不同领导者的领导艺术水平高低不同。在很大程度上，领导艺术是决定领导者领导事业成败和领导绩效高低的关键因素。领导艺术是领导素质的反映，领导艺术是领导必备素质的综合表现。领导艺术低，领导者就容易故步自封，其素质也就不高；领导艺术高，领导者就会根据客观环境的不断变化，灵活机动地决策，领导素质也就比较全面。

对领导艺术这个概念，人们有不同的理解，这是人们从不同方面分析看待领导艺术的结果。一般来说，领导艺术分广义的领导艺术和狭义的领导艺术。广义的领导艺术包括整个领导活动，在整个领导活动中，领导者分析和解决问题，既是科学，又是艺术；狭义的领导艺术则是指领导者善于熟练而有效地行使领导职能、完成领导任务的狭义的领导艺术，是人们通常所理解的领导艺术的实际内涵。所以，可以这样表述领导艺术的定义：领导艺术是领导者在实施领导活动过程中所表现出来的学识、胆略、技巧和创造性思维的总和，它是领导者水平高低、才能大小的主要标志。应该说，领导艺术是领导者在个人各方面素质修养的基础上，在分析解决各种问题的领导活动过程中逐渐积累起来的，它是领导者领导才能的高度结晶，体现了领导者的个性特点。

领导艺术不是固定不变的，随着人类社会、生产和经济的发展，随着竞争的激烈，新的领导艺术将会形成和发展起来，并被人们所认识、总结出来。领导艺术难以有固定模式，它是创造性思维和创造性劳动的结晶。在现代科技革命的冲击下，在改革开放的新的历史条件下，领导者面临复杂多变的信息环境，领导工作带有许多不确定性，这些变化都使领导者的工作任务更加复杂化、多样化。领导者的工作重心正在发生转变，从监督、向下属发号施令转向为下属提供服务、组建团队、制定策略、领导跨部门以及跨组织的团队等方面。因此，作为 21 世纪的领导者必须是个多面手。美国管理学家彼得·德鲁克在《有效的管理者》一书中认为：在现代社会，领导者"必须学会如何在没有权力与权威、无法控制也没有具体指导的情境中进行有效管理"。所以单纯依靠常规的领导方法已经行不通，也没有一种现成的理论或方法能够同时解决领导者所面临的众多问题。在这种情况下，只能进行创新。而作为创造性思维的领导艺术则具有较强的随机性和灵活性，能够及时适应客观事物的各种复杂变化。据统计，依靠定量的科学方法和科学管理只能解决领导工作中 40% 的问题，大量的问题需要依靠领导艺术，包括敏锐的直觉、丰富的经验、处置的技巧、随机决断等去处理。

对领导者来说，高超的领导艺术是通往成功的必由之路，领导者的领导艺术水平在很大程度上决定了单位的发展水平，在当代社会更是如此。正如美国《时代周刊》所说"明星企业的表现证明，领导水平已经成为 21 世纪企业的核心能力"。比如连续四年高居《财富》评选的"全球最受崇敬的公司"榜首的美国通用电气公司，它的领导者杰克·韦尔奇连续四年被《财富》评选为全球 500 强中最好的总裁。杰克·韦尔奇是一个"坚信自己的工作是一手拿着水罐，另一手拿着化学肥料，让所有的事情变得枝繁叶茂"的领导者，他是一个公认的把领导活动做得最好的领导，他以他的行动和思想令人信服地区别了"领导者"和"管理者"。作为当代美国最成功的企业的领导者，韦尔奇对领导学的贡献超过任何一个同时代人，他那一套无与伦比的领导艺术是其取得成功的唯一秘诀。他创造了一系列领导学新词汇，这些词汇早已随着他的思想被世界许多领导人所学习、熟知而成为经典。

二、领导艺术与领导学科、领导经验的关系

科学是理性知识，是从实践经验中总结出来的知识体系，是对客观事物内在规律性的认识。毛泽东说："马克思列宁主义是科学，科学是老老实实的学问，任何一点调皮都是不行的。"因此，领导科学必须以实事求是的严肃态度探究领导活动的内在的客观规律，领导科学必须求"实"、求"真"。

艺术是用形象表现的意识形态，领导艺术是领导人运用科学理论，以客观实际为依据，结合自身的个性特点，借助自身的胆识、想象力对领导活动的创造性探索的结果。

领导艺术与领导科学不是相互排斥的，而是相辅相成、相互补充的。领导科学和领

导艺术是处于同一事物中相互关联、相辅相成的两个方面。它们之间的关系是辩证的，二者不存在明显的分界和本质的区别，它们共同处于领导活动这一系统中，共同作用于领导活动的客观对象。

富有成效的领导艺术总是以科学理论为基础的。一个领导者如果没有理论知识，单纯凭借经验、运气是不可能有科学的领导的，更谈不上领导艺术。但仅仅有理论知识或书本知识，还是不能够保证成功的。因此，领导不仅要靠理论，还要靠艺术，领导者要在实践中创造性地应用这些理论和方法，即只有凭借领导艺术，才能实现有效的领导，取得领导活动的最佳效益。领导艺术只有建立在科学理论的基础之上，才能运用自如、相得益彰；同样，领导科学只有与领导艺术相结合，才是一门实际可行的科学。因此，现代领导者面临的问题是如何提高自己的领导艺术。领导科学好比一个比较稳定的内核，领导艺术则是它的外围软组织，没有软组织，内核便不能存在和发展；没有内核，软组织也就无所依附。

经验一般是指感性认识，领导经验是领导者从领导实践中总结出来的各种感性知识和认识。没有丰富的领导经验，就不可能获得高超的领导艺术。但是，单有领导经验，没有独特的智慧、才能、胆识和人格魅力，领导艺术也无从谈起。领导艺术虽带有经验的因素和经验的特点，但是它高于领导经验，是领导者综合应用领导经验、领导科学的表现。领导者不能简单地认为领导艺术就是领导经验，也不能认为领导艺术完全是个人经验的东西，是全凭领导者个人灵感做决策的艺术。领导艺术、领导经验和领导科学是相互联系、不能截然分开的。一个领导者只有系统地掌握领导科学，在实际工作中，不断总结领导经验，才能在工作中不断取得成绩，同时，逐步形成自己的领导艺术。由此可见，领导艺术是领导者创造性劳动的体现。

三、领导艺术的特点

（一）直觉性

对领导者来说，在领导活动中，思考问题和处理问题并不具有一定的规范和秩序，而是根据不同的时间、地点、条件，凭借领导者直觉所观察到的材料，推理判断、认识事物、处理问题的。在决策特别是在高层决策活动中，领导艺术起着重要作用，甚至是关键性的作用。而把科学方法，特别是将定量化研究应用到决策中来，并不是不需要传统的直觉经验方法了。事实上，在日常的决策中，直觉经验决策仍占绝大部分。在许多情况下，指导领导者的决策原则是直觉，也就是说，领导者在别人或自己提出的种种方案、计划、措施、方法面前，在做出最后决定时，领导者要倾听自己的心声，对各种可能出现的情况做出系统的思考，按照直觉的判断去做。事实上，直觉决策不是灵光一现的东西，而是深思熟虑和大量相关经验积累的结果。

（二）随机性

领导艺术是领导者思考和处理随机事件的一种应变能力。现代社会具有复杂性、随机性、多变性的特点，新情况、新问题随时都会出现，需要领导者去思考处置，随时做出判断和决策。但是，这些问题的解决，往往无常规可循，这就需要领导者保持一定的理性，针对实际情况及时提出适当的解决方案，用哲学家思辨的头脑做出判断和对策，应变自如。领导艺术的随机性，不仅要求领导者有明察秋毫的洞察力，还要有不失时机地做出决策、采取行动、恰当处置的应变能力。正如 19 世纪德国著名军事理论家克劳塞维茨在谈到军事艺术时说："在这里智力活动离开了严格的科学领域，即离开了逻辑学和数学的领域，而成为艺术，也就是成为一种能够通过迅速判断，从大量事物和关系中找出最重要和有决定意义的东西的能力。"应该强调的是，随机性的领导艺术，并不是随心所欲地处理问题，而是"随心所欲不逾矩"，这个"矩"就是领导工作中的基本方针、政策、理论和原则。

（三）创造性

领导艺术凝聚着领导者的智慧和才华，每一项巧妙的领导艺术都是领导者个人的一项杰出创造。领导活动不是用数量化可以完全描述的，领导艺术的活力和灵魂在于创新。创造性思维是领导艺术创造性特征的核心部分，创造性思维不仅来源于思维方式的改变，还来源于领导者的直觉、联想、灵感和想象。

（四）适度性

"持之有度，过犹不及"。如果不能精确地掌握事物的度，就不能正确地认识事物的质，保持事物发展的稳定性。在领导活动的整个过程中，掌握分寸，宽严适度是领导艺术的一种重要特征；在实践中，持之有度，掌握事物发展的分寸，是领导艺术的重要特点。

（五）多变性

领导艺术是一种生动活泼、丰富多彩的处事技能，不同层次、不同行业的领导者，往往表现出迥然不同的领导风格和技巧。就是在同一个人身上，由于时间、地点、条件的变化，其解决问题的方式方法，也必须随之改变。把领导艺术看成僵化不变的模式，生搬硬套，或者不看对象机械地模仿，都是不可取的。同时，领导艺术来源于领导者个人的知识、阅历和经验，它不是一成不变的，而是随着科学知识的应用、实践经验的积累，不断充实和更新内容，进而不断完善和发展的。另外，领导艺术是随着历史的发展而发展，随着时代的进步而提高的。

（六）模糊性

领导艺术是一种离开了数学领域的才能，因此，它具有模糊性的特点。领导者无论在用人方面，还是在决策过程中，都难以完全进行定量分析，难以做精确的测算，难以以数量的等级做依据。领导者统筹全局，对于应该忽略的事情就应该把它忽略，不可事无巨细，事必躬亲。大事清楚、小事糊涂的领导者往往是高明的领导者。在有些情况下，模糊反而能更清楚地反映事物的本质和面貌，更接近真理，更能协调人际关系。这是因为，领导艺术并非是按照逻辑顺序和逻辑规则得来的东西，而是以理论做指导，从丰富的经验中提炼、升华而来的。在一定情况下，领导者凭借形象思维、灵感思维，从总体中撇开细枝末节的因素，就能快速抓住事物的本质。

（七）情感性

领导艺术渗透着领导者个人的情感和喜怒哀乐，它能深刻地折射出领导者的品格和精神风貌，它是领导者生动形象个性的表现。因而，体现在领导者个人身上的领导艺术带有极明显的个性化特征，富有浓郁的感情色彩和审美价值，它是有血有肉的，带有丰富和特殊的个人情感。掌握高超的领导技艺的卓越人物，往往具有独特风格，富有感情色彩，具有感染人、吸引人的魅力。

四、领导艺术的内容

领导艺术具体可分为两类。一类是在领导工作过程中的各个环节：从决策、实施、反馈到变革都具有各自特色的领导艺术，这属于领导工作过程中的艺术，或简称为纵断的领导艺术。在此只就学校领导工作过程的特点概述。

美国的决策理论家西蒙认为："凡是非程序化的决策（他是把决策、管理和领导视为同义语的），都需要领导艺术。"他所说的非程序化决策，就是指的那些不能定量化、模拟化、程序化但又需要领导者及时处理的问题。根据学校工作过程的各环节，概括地分析一下哪些方面的工作需要运用领导艺术去处理。第一，在学校发展战略方向的确定中，为了确定学校的战略发展方向，就必须对学校有关的历史、现实进行调查研究，以取得全面而可靠的数据，还必须用一定的数学模型对未来的发展进行预测，但是，调查研究的内容是什么？其中哪些是重点？它们之间的互相关系如何？预测哪些方面的问题？预测结果的可靠性究竟怎样？在确定学校发展战略方向时，对这些调查研究和预测得来的数字哪些可以作为依据？哪些只能作为参考？诸如此类的问题，都不是能从定量和数学模型直接运算出来的，而必须依靠人的经验、才识、直觉力和思维力，也就是说，它要运用领导艺术。第二，在学校工作规划、计划的制订中，包括提出方案和选定方案两个步骤。为了提出方案，首先需要确定制订方案的某些原则、方针和要求，然后是以各种数据为基础包括基本措施而形成的方案；为了选定方案，需要召集专家会议，进行比较论证，还要尽可能地进行试点。在这些工作内容中，原则方针和要求的确定、基本措施的规定、方案论证后的最后选定，也不是单靠定量数据、数学模型和计算机运算能够完全解决的，它也需要运用领导艺术去判断。第三，再看一看计划执行中的指挥、调节、跟踪、控制的各个环节，在这些环节中，人是活动的中心，意外的变化很多，迫切的问题需要随时解决，它们一般都难以定量化，不能纳入数学模型输入计算机，也不能按照固定程序进行处理，这些就不能不依靠领导艺术来解决。在现代领导工作中，需要运用的领导艺术，概括地说，主要有四点：一是统筹的艺术，二是决策的艺术，三是用人的艺术，四是应变的艺术。所谓统筹的艺术，就是善于从全局和整体考虑问题，善于综合把握整体内部关系和外部关系，而不是顾此失彼。所谓决策的艺术，就是善于辨别是非好坏，权衡利弊得失，分清轻重主次，而且果断地做出决定。所谓用人的艺术，就是善于调动人的积极性，针对人的不同特点，采取不同的方式方法，得其心、致其力。所谓应变的艺术，就是善于在千变万化的环境中，主动地采取对策，及时地解决问题，按既定目标，控制整个局势。

由于教育的周期长、滞效性，当学校领导者确定开展某一项工作，并使之见诸成效，决不是一朝一夕的事，而且教育工作成效的大小，并不明显。所以，在学校要进行一项工作，并使之见诸成效，需要一个较长的过程，这就需要有坚韧不拔的精神。当然这不是说，无论对来自哪方面的意见、议论，一概置之不理。而是应该虚心听取来自各方面的意见和建议，甚至是责难。即重视各种形式的信息反馈，从而去修正、充实原来推行的工作方案的不足，特别对是与自己有不同的意见。

另一类是属于领导工作中的不同内容的领导艺术，或称之为横断的领导艺术。领导工作内容可概括分为：处理人与人际关系的艺术，处理事务的艺术以及掌握时间的艺术等，在此仅就领导工作中大量的处理事务、处理人的问题，常常需要运用的原则性与灵活性相结合的领导艺术进行简述。

在学校工作中，对处理事务和人的问题，往往都有上级和学校自己的一些条例和规定，即都有相关的原则规定，又因学校内部各自有千差万别的具体情况，马克思列宁主义毛泽东思想的精髓是具体情况具体分析，普遍真理要与具体情况相结合。因此，作为一个学校的领导者，在各项工作中必须按原则办事，坚持原则性。领导者在处理任何问题时都必须按照党和国家的方针、政策、规定办事，辨别政治方向，时刻注意端正指导思想，决不能一味地强调变通、灵活而置原则于不顾。同时，又必须要认识到客观事物是千差万别的，处理问题时要把马克思主义原理和实际情况相结合。所以领导的艺术性就在于：既要坚持原则，按原则办事，又不能令人感到"教条""死板"，甚至令人难以接受，缺乏艺术感。这就需要恰当地运用好灵活性，把原则性与灵活性结合起来。所以在坚持原则的前提下，原则性与灵活性相结合，是处理领导工作中各类事务和人际关系的一项重要的领导艺术。

第二节 领导艺术提高的主要途径

领导艺术不是一种单纯的技巧，它是领导者思想、知识、思维、心理等素质的综合体现。鲁迅先生曾经说过："从喷泉里出来的都是水，从血管里流出来的都是血。"因此，领导者要提升领导艺术，需要用高标准来要求自己。

提高领导艺术是提高领导效能的重要方面，但是由于成功领导者的领导艺术往往带有浓厚的个性特点，所以很多人认为，领导艺术"只可意会，不可言传"，可望而不可取。应该说，领导艺术有一定的模糊性、情感性和特殊性，但也绝不是无从把握。领导者通过学习和实践，完全可以掌握、提高自己的领导艺术。提高领导艺术必须注意从以下方面着手：

一、读书学习，完善合理的知识结构

（一）知识是提升领导艺术水平的必备条件

培根在《论人生》中说："读书足以怡情，足以长才，读史使人明智，读诗使人聪慧，演算使人精密，哲理使人深刻，道德使人高尚，逻辑使人善辩。"知识是领导者培养领导素质、提升领导艺术水平的必备条件。

德国的克劳塞维茨在其《战争论》中指出："人的智力是通过他所接受的知识和思想培养起来的。"的确，离开知识的积累，脱离知识的依托，是谈不上智力的开发、智慧的生成的。领导者也是如此。知识是领导者智慧的源泉。领导者只有具有了广博的知识，才能生成无尽的智慧，从而提升领导艺术。

实践证明，领导者所具有的领导艺术水平的高低是与其所掌握的知识成正比的。一般说来，一个人所掌握的知识越多，他对客观事物规律的认识就越深刻，他的领导艺术水平就会越高。

（二）合理的知识结构是提升领导艺术的关键

所谓知识结构，是指一个人的知识构成状况。它是各类知识在人的头脑中按照一定比例形成的能够产生整体功能的有机组合。结构决定功能，具有不同知识结构的人，会有不同的功能，能够完成不同性质的工作。

作为领导者，其领导活动的性质和领导工作的特点，决定着他的知识结构不同于一般的人。领导活动涉及政治、经济、军事、外交、文化、教育、卫生等各个领域。哪个领域的问题处理不当，都会给领导工作带来影响。领导工作涉及上级、同僚、下属、群众、媒体等各个方面。哪个方面的关系协调不好，都会给领导工作带来制约。由于领导活动涉及各个领域、领导工作关涉各个方面，所以领导者既要懂政治，又要懂经济；既要知天文，又要懂地理。概括而言，领导者合理的知识结构包含以下内容：

（1）政治理论知识

领导者要讲政治，讲政治就必须学习政治理论知识。这些政治理论知识包括马克思主义的基本理论、党的各项方针政策等。

（2）专业业务知识

领导者要确保自己成为真正的内行领导，就必须认真学习和掌握精深的专业业务知识。只有这样，才能正确认识本行业的特点，才能正确把握本行业发展变化的规律，并根据本行业的特点和发展变化的规律，做出正确的决策。

（3）领导专业知识

现实的社会，规模庞大、因素众多、结构复杂，这无疑对领导者提出了更高的要求。现代的领导者如果仅凭以往的领导经验来进行领导，不仅不能适应时代的要求，也不能实现有效地领导。实践中，一些领导者决策失误、用人失察，工作效率不高，其中很重要的原因之一，就是缺乏领导专业知识。因此，领导者要想成为领导的内行，必须要掌握娴熟的领导专业知识。领导专业知识的核心是领导科学。领导科学是一门研究领导工作的特有矛盾和规律的一门学科。掌握领导科学知识，能使领导者更好地把握领导规律和领导方法，提升领导工作能力和领导艺术水平。

（4）法律法规知识

建设法治国家，领导者必须具有法治思维和法治能力。2013 年 2 月 23 日，习近平总书记在中共中央政治局第四次集体学习时强调："各级领导机关和领导干部要提高运用法治思维和法治方式的能力，努力以法治凝聚改革共识、规范发展行为、促进矛盾化解、保障社会和谐。"而要强化法治思维，提高法治能力，就需要学习法律法规知识。

（5）科学文化知识

领导活动是一项具有复杂性、综合性特点的社会实践活动。领导活动的这一特点，决定了领导者必须掌握自然科学和社会科学的知识，才能有效地、成功地驾驭领导工作。正如列宁所说，只有用全人类的科学文化知识武装自己，才能成为一个共产主义者。

除此之外，领导者还应该广泛地学习历史、文学、地理、法律、逻辑、心理学等社会科学知识，掌握数学、系统论、计算机等自然科学知识。这些知识能开阔领导者的视野，提升领导者的文化底蕴，提升领导者的思维创造能力，为提升领导艺术打下良好的基础。

（三）合理的知识结构源于读书、实践积累

有意识、有目的地构建合理的知识结构，是领导者自我完善的一个重要目标。因为知识虽然是领导艺术提升的基础，但杂乱无章的知识是很难发挥作用的。因此，领导者应该根据自己工作的需要，有选择地选取知识，构建合理的知识结构。读书学习是重要路径。构建合理的知识结构，离不开读书学习这一途径。领导者应该培养一种主动求知的读书学习习惯。

领导者通过读书学习来构建合理的知识结构，必须掌握正确的读书学习方法。一是要尽可能地博览群书。"书到用时方恨少。"只有博览群书，才能广泛地学习到各种知识内容，运用时方能取舍自由。对此，古今学者有相同的见解。南北朝著名文论家刘勰说："夫经典沉深，载籍浩瀚，实群言之奥区，而才思之神皋也。扬、班之下，莫不取资，任力耕耨，纵意渔猎，操刀能割，必列膏腴。是以将瞻才力，务在博见。狐腋非一皮能温，鸡趾必数千而饱矣。"《文心雕龙·事类》刘勰认为，思想精深的经典、内容博大的古籍，实在是各家学说的总汇。扬雄、班固等人，没有不从里面吸取滋养、任意渔猎的。他们拿起刀子就知道怎样取舍，必然会把肥肉割取下来。这说明了要丰富自己的思维，一定要尽可能地博览群书。狐腋不是一张就能保暖，鸡爪子要几只才能吃饱。积累学识在于广博。当代著名思想家鲁迅先生则言："必须如蜜蜂一样，采过许多花，这才能酿出蜜来，倘若叮在一处，所得就非常有限、枯燥了。"（《致颜黎民信》）总而言之，一句话："长袖善舞，多财善贾。"二是要尽量做到熟读精思。宋代著名思想家朱熹曾经说过这样一段话："大抵观书须先熟读，使其言皆若出于吾之口；继以精思，使其意皆若出于吾之心，然后可以有得尔。"（《朱子大全·读书之要》）朱熹这段话的意思是说：要把书本上的知识转化为自己的思想，必须在熟读精思上下功夫。囫囵吞枣似的读书，读了等于没读。只有熟读，才能理解得深透，记得扎实；只有精思，才能融会贯通。三是要做到不动笔墨不读书。所谓"不动笔墨不读书"，是说读书时要做笔记。我国清代著名学者章学诚对做读书笔记的重要性有过生动的比喻。他说："札记之功，必不可少；如不札记，则无穷妙绪，皆如雨珠落大海矣！"（《章氏遗书》）

章学诚的话是有道理的。常言道："好记性不如烂笔头。"脑子再好，也有忘记的时候。养成读书学习做笔记的好习惯是非常必要的。马克思为写《资本论》这部划时代的理论巨著，曾经读过 1500 多种书，并一一做了读书摘要。仅在 1861—1863 年这两年间，他在大英博物馆摘记的材料，就写满了 23 个笔记本。

二、严以修身，培养高尚的道德品质

唐代著名书法家柳公权说："心正笔则正。"鲁迅先生说："美术家固然有精熟的技工，但尤须要有进步的思想与高尚的人格。他的制作，表面上是一张画或一个雕像，其实是他的思想与人格的表现。"

领导艺术也是如此。心正则行为正。领导者只有具有高尚的道德品质，才能真正提升领导艺术水平。而培养高尚的道德品质，关键要严以修身。修身，就是修养身心，是指个人思想品德、人格方面的修炼、养成和提升。

（一）修身是中华民族文化的优良传统

历览前贤，无不看重培养高尚道德的"修身"行为。孔子有"吾日三省吾身"之说；我国古代的哲人、封建士大夫亦将"修身"与"齐家、治国、平天下"看得同样重要。比如说，曾国藩。曾国藩被人称为"晚清中兴第一名臣"。青年时代的毛泽东还曾经说过："吾于近人，独服曾文正。"曾国藩作为传统社会的一介儒生，能做到"晚清中兴第一名"，并且仕途上总是步步高升，得以成为后世景仰的善始善终人物，这跟他注重自身修养有着重要的关系。他的"日课十二条"，就足以体现他的道德修养。

"日课十二条"是曾国藩的修身理论和修身方法。所谓"日课十二条"：

①主静：无事时整齐严肃，心如止水；应事时专一不杂，心无旁骛。

②静坐：每日要静坐，体验静极生阳来复之仁心，正位凝命，如鼎之镇。

③早起：黎明即起，绝不恋床。

④读书不二：书未看完，绝不翻看其他，每日应读十页。

⑤读史：每日至少读二十三史十页，即使有事亦不间断。

⑥谨言：出言谨慎，时时以"祸从口出"为念。

⑦养气：气藏丹田，修身养性。

⑧保身：节劳节欲节饮食，随时将自己当作养病之人。

⑨日知其所亡：每日记下茶余偶谈一篇，分为德行门、学问门、经济门、艺术门。

⑩月无忘所能：每月作诗文数首，不可一味耽搁，否则最易溺心丧志。

⑪作字：早饭后习字半小时，凡笔墨应酬，皆作为功课看待，绝不留待次日。

⑫夜不出门：临功疲神，切戒切戒！

曾国藩一生严于治军、治家、修身，实现了立功、立言、立德的封建士大夫的最高追求，被视为道德修养的楷模。不可否认，曾国藩的成才成功源于他的自身修养。

（二）党的领导者要严以修身

修身不仅要"修"，更要"严"。而且，党员领导者的修身与古人的"修身"是有区别的。党员领导者的严以修身，就是要加强党性修养，坚定理想信念，提升道德境界，追求高尚情操，自觉远离低级趣味，自觉抵制歪风邪气。周恩来同志正是因为他的严以修身而被世人称为道德楷模。在周恩来同志100周年诞辰时，著名学者梁衡撰文，评价他有惊人之"六无"：死不留灰，生而无后，官而不显，党而不私，劳而不怨，去不留言。

1943年3月18日（农历二月十三日），是周恩来同志的45岁生日。同志们特地做了几道简单的菜，准备晚上为他过生日。周恩来知道后坚持不出席，只让厨房煮了碗面。

就在这一天的晚上，他在自己的办公室，以更严格的党性标准剖析自己、反省自己、要求自己。结合整风实际，他写下了著名的《我的修养要则》：

第一，加紧学习，抓住中心，宁精勿杂，宁专勿多。

第二，努力工作，要有计划，有重点，有条理。

第三，习作合一，要注意时间、空间和条件，使之配合适当，要注意检讨和整理，要有发现和创造。

第四，要与自己和他人的一切不正确的思想意识做原则上坚决的斗争。

第五，适当的发扬自己的长处，具体地纠正自己的短处。

第六，永远不与群众隔离，向群众学习，并帮助他们。过集体生活，注意调研，遵守纪律。

第七，健全自己的身体，保持合理的规律生活，这是自我修养的物质基础。

三、善于思考，确立科学的思维方式

思维是人类所特有的一种精神活动。它是在表象、概念的基础上进行分析、综合、判断、推理等认识活动的过程。科学的思维方式有助于领导者正确分析形势、预测未来；有助于领导者从错综复杂的环境中做出正确的决策，提升领导能力。

（一）系统思考

系统思考，简单说来，就是以全局、整体的眼光来考虑问题的一种思考方式。它是一种"既见树木，又见森林"的艺术。领导者有了这种思维方式，才能善于从系统上把握事物的性质和运动规律，从事物的系统效应中分析事物，从而找到解决问题的方法，而不是只重视局部，忽视整体。

人们思考问题，如果抓不住整体的联系，就会纠缠在一个接一个的矛盾之中。整体思考，要求领导者在解决问题时，要从整体上去分析，发现个别事物与其他事物之间的联系，从而使复杂的问题简单化。问题简单化了，就很容易解决了。沈括所著的《梦溪笔谈·权智》中记载的一段历史故事，就是整体思考解决问题的经典案例。

宋大中祥符年间（公元1008—1016），皇宫因为发生火灾而被毁。皇上命令大臣丁谓（公元926—1033）来主持皇宫的重建事宜。重建皇宫，需要沙土，外地的石料、木材等也需要运送到工地，被烧坏的皇宫瓦砾也需要处理。

怎样解决这三大难题？丁谓命令工匠们从皇宫前的大街上挖沟取沙土。没几天的时间，大街的道路被挖成了大沟。丁谓又让人把汴河水引入大沟。随后，重建皇宫需要的石料、木材等从各地源源不断地通过这一沟渠运到了宫门口。皇宫修复后，丁谓又让工匠们把废弃的瓦砾填进沟里，重新修成了街道。

沈括对这件事情评论说："一举而三役济，省费以亿万计。"丁谓用系统思维做了一件事情而完成了三项任务，节省的费用数以万计。

（二）动态思考

动态思考，就是要用发展的、变化的观点来看问题。按照系统论的观点，世界上的一切事物都是发展变化的，运动和变化是永恒的，"静止"是相对的。世界上唯一不变的，就是变。用动态的思维方式来思考问题，才能探求到事物的发展变化规律，从而找出解决问题的方法。因此，当领导者在工作中遇到难以解决的问题，而用静态的思维解决不了时，不妨用动态的思维来解决。例如，某剧场邀请三位著名演员同台演出。他们接受了剧场的邀请，但同时提出了同样的一个要求，即在海报上把自己的名字排在前面，否则，他们将退出演出。剧场经理经过思考，答应了他们的要求。到演出的那一天，三位演员到剧场一看，非常满意。原来，海报不是一般的纸面形式，而是一个不断转动的大灯笼，三个演员的名字都写在灯笼上，三个名字转圈出现，谁都可以说自己的名字排在前面。于是，三位演员高高兴兴地参加了演出。

（三）辩证思考

辩证思考，是指能够用发展变化的、事物普遍联系的和一分为二的观点来认识事物的一种思考方式。李瑞环的《辩证法随谈》处处充满着辩证的思考。比如，国与国之间，关系好了什么都好，闹僵了什么都别扭，这也和人与人之间的关系一样，情绪可以影响看法。

第三节 学校领导体制改革的方向

一、现行学校领导体制存在诸多问题

经过多年的发展，我国学校领导体制改革取得了很大的成绩，促进了国家教育方针、政策和法律、法规的贯彻落实，加强了党对教育事业的领导，推动了教育事业的迅速发展。但是，学校领导体制中仍然存在着一些问题，制约着教育改革的深化和发展，主要表现在以下几方面：

（一）教育行政部门对学校管理干涉过多

在中、小学实行校长负责制和高等学校推行党委领导下的校长负责制后，政府和教育行政部门赋予了学校一定的办学自主权。但是，学校仍处于政府和教育行政部门的基层化和集权式管理模式下，仍是教育行政部门的"执行机构"，被动地接受指挥，而没有得到充分的自主权，成为自主管理的实体，甚至已经赋予的一些权力也大打折扣。如很多地区的中、小学仍然是政府和教育行政部门负责教师招聘，统一分配和人事管理。即使有些学校实行了自主聘任，富余人员或不合格教师也不能自主解聘，只能"自行消化"，使得学校内部缺乏竞争机制，师资质量下降。而政府对高校的学校规划、招生就业、财务管理等方面管得过多，发挥不出对高校应有的宏观调控作用，已经严重挫伤了高校的办学积极性和主动性，导致高校产生怠惰、应付和依赖心理，缺乏自主发展的市场意识、竞争意识和效率意识。

（二）学校内部党政关系矛盾突出

学校内部党政关系主要表现为以党委书记为首的党委和以校长为首的学校行政的关系。我国现行学校领导体制确定后，我们已经认识到问题的关键不在于学校要不要坚持党的领导的问题，而在于如何坚持党的领导，或者说是党组织在多大程度上或范围内干预校长负责的行政事务的问题。学校在确定领导体制以来，特别是高等学校，在法律、法规或文件中并没有对党委和校长的职权范围进行科学、合理、具体的界定。在学校管理实践中也没有很好地处理这一问题，党政职权关系混乱，主要表现为以下几种情况：第一，党委过多干预行政事务，校长行政权力被挂空，出现以党代政的局面；第二，校长大权独揽，权力过分集中，家长作风严重，党委失去领导或监督地位；第三，党委与校长部分职责重叠，或抢权争权，或推诿扯皮，领导班子团结不够，矛盾重重。

（三）学校民主管理监督机制不完善

中、小学实行校长负责制不是要校长独断专行，高等学校实行党委领导下的校长负责制也不是只有党委或校长进行领导或管理。这两种领导体制都需要有教师、社会、家长或学生参与学校管理，特别是教师的作用不容忽视。教师作为学校内部教学科研的主体，理应参与学校各项工作的民主管理决策，并对学校管理进行监督。但在学校管理实践中，教师群体仍被排除在学校管理系统之外，学校民主管理监督机制不健全。这主要表现在以下几方面：第一，教职工代表大会形同虚设，民主审议监督机制作用微乎其微，教师参与学校管理的积极性被严重挫伤；第二，部分教师参与民主管理的意识薄弱，对学校事务漠不关心；第三，学校行政权力泛化，学术权力薄弱，行政权力凌驾于学术权力之上，干预或妨碍正常的学术研究。

上述三点只是学校领导体制自身存在的几个主要问题，由学校领导体制不完善带来的学校管理工作中的问题还有很多。认清学校领导体制本身存在的问题，明确其改革方向，不仅对其自身改革和完善有重要意义，而且对学校管理工作中其他问题的解决也起着关键作用。

二、学校领导体制的改革方向

我国学校领导体制的改革和完善，必须立足我国教育管理实际，借鉴外国先进的学校领导体制改革理论和实践经验，针对自身存在的问题，找出深化改革的努力方向，以保证学校管理的高效率和高质量。

（一）政府加强宏观调控，扩大学校自主权

转变政府职能，加强政府对学校的宏观调控，扩大学校自主权，正确处理好政府和学校的关系，是深化我国学校领导体制改革的基础。

1.转变管理观念，理清政府与学校的关系

第一，政府和教育行政部门有制定教育方针政策、规定教育教学标准、对学校办学进行宏观调控、对学校办学质量进行督导评估的权力，而学校要接受政府的宏观管理，自觉执行国家教育方针政策和教育教学标准，保证教学质量，积极配合政府的监督指导。第二，学校办学的自主权必须得到完全的赋予和落实，政府不能侵害属于学校的权力，必须为学校的正常运行提供所需的人力、财力、物力和信息等方面的服务和条件保障。第三，在政府与学校之间引入市场机制，由市场来调配教育资源，实现政府职能的转化。作为微观办学主体的学校，特别是高等学校，要转变对政府的依赖心理，按照市场法则、供求机制、竞争机制来合理配置资源，适应市场供求变化，不断形成自身的管理理念。

2.划清政府与学校职权范围

在调整政校关系中，应重新选择和定位教育行政职能。摒弃"全能主义"观念，树立"有限职能"观，政府不能把学校和教育的所有权力都统管起来，政府"不该管"的、"管不好"的都可以交给学校去管。具体来说，学校内部的教学、科研、人事、中层干部使用、职称评定、教师聘用、报酬待遇、招生就业等具体工作可由学校自己来组织管理，而政府要加强在宏观调控、社会责任承担、教育公平环境建设、教育制度和法规健全等方面的管理。如对教育规模、结构、布局等方面进行宏观调控，制定教育政策和法规，并承担制度推行的责任，制定各类学校设置标准和质量标准，制订教育发展规划，通过公共财政分担学校的教育成本，并通过转移支付促进教育公平，建立支持教育改革发展的服务体系，组织对各类学校教育质量进行评估等。

3.加强政府对教育宏观管理的制度建设

政府加强对学校的宏观管理，必须要有一系列的制度作为保障和规范，以确保管理的科学性和有效性。如以科学的民主决策机制和教育管理服务体系为中心，重点完善预案研究、咨询论证、社会公示、公众听证及民主监督等方面的教育行政管理制度；建立与公共财政体制相适应的教育财政制度，不仅要建立起社会投资、出资和捐资办学的有效激励机制，拓宽经费筹措渠道，而且要建立科学规范的教育经费管理制度，完善地方

教育财政拨款制度，加强对教育经费的审计与监督；改革考试评价制度，转变把分数作为学生发展的主要衡量标准，把升学率作为学校发展的主要考核标准的片面评价观，进一步建立以统一考试为主、多元化考试和多样化选拔录取相结合、学校自我管理、政府宏观指导、社会有效监督的高等学校招生制度；完善教育督导与评估制度，健全教育督导与评估体系，坚持督政与督学相结合，实施对不同类型地区教育的分类督导评估，全面推动中等及以下学校的督导评估工作。

（二）正确处理好学校内部党政关系

1. 正确认识党对学校的领导

在学校里，无论是教学、科研，还是财务、后勤，每天都有各种行政事务和具体问题需要处理和解决，而这些事务和问题又有着各自的特殊性，并处在不断变化之中。党组织不可能也没有必要对每项具体工作都去直接地、具体地进行领导和干预。党组织如果整天陷入这些具体行政事务之中，就无法真正发挥应有的领导作用，这也势必会削弱党的领导作用。因此，学校既要坚持党的领导，保证正确的发展方向，又要完善党的领导，做到领导而不代替、监督而不干预。

2. 划清党组织和学校行政的职权范围

现行的学校领导体制对党组织和学校行政的职权进行了划分，但有些职权仍然重合或划分不清，在学校管理实践中，也出现了互相争权或推卸责任的问题。职权不清，严重影响了学校管理的工作效率，也影响到其他方面工作的正常开展。因此，划清党组织和学校行政的职权范围，可以说是正确处理好学校内部党政关系的核心。尽管《高等教育法》中对高等学校党委和以校长为核心的学校行政的职权做出了具体的界定，但其职权仍有重合或界定不清的地方。如内部组织机构的设置和负责人的任免，还有对所谓学校"重大事项"的模糊界定等。同时，我国中小学校长和党支部的职权在《中华人民共和国教育法》《中华人民共和国义务教育法》或其他法规、规定中并没有做出科学的、全面的、具体的界定。可见，规范和明确学校党组织和学校行政的职权，仍是我国学校领导体制改革的重要工作之一。

3. 协调好书记和校长的关系

书记是党组织领导班子的领导者，是党组织日常工作的组织者；校长是学校的行政领导，是学校行政工作的组织者。处理好二者之间的关系，是处理好学校党政关系的重点。一般说来，书记和校长既要各司其职、各负其责，又要相互配合、尊重和支持，他们之间既是监督与被监督的关系，又是合作共事的关系。

协调好书记与校长的关系，党组织要支持校长独立行使职权，在校长做出决策后，书记要动员党组织，通过思想政治工作帮助解决困难，促使决策的实现；校长也应充分支持党的工作，尊重党组织，尽可能使党组织了解学校工作的实际情况，重大问题应通过党政联席会等形式主动征求党组织的意见。此外，党组织要对校长贯彻执行党和国家的教育方针政策的情况进行监督，校长必须自觉接受党组织的监督。

（三）充分调动教师的积极性，健全学校民主管理机制

教师是学校教学和科研的主体力量。他们中有许多具备先进管理思想和较高工作能力并对学校发展具有较高责任心和工作热情的先进分子，对学校发展来说，他们是一笔未被充分挖掘的价值不菲的财富。学校管理工作中诸如学校定位、专业设置、学科发展、教学模式、师资结构、招生规模和资源配置等看似行政性的事务，在本质上也都具有很强的学术性和专业性。教师参与学校管理，不仅体现了管理的民主性，更增强了决策的科学性和代表性。因此，教师是学校管理中一股不可忽视的主体力量。

1. 健全教职工代表大会制度

教职工代表大会是以教师为主体的、代表学校教职工利益的、民主决策学校事务的机构，是教职工参政议政的合法形式，是学校工作接受教职工年度评议的重要方式，也是学校各级领导接受教职工监督和信任评议的合法程序。其作用是党委会和校务会等所不能取代的。

要健全教职工代表大会制度，党委和校长必须给予充分尊重和支持。原则上对应当交由教代会决策的事项，党委和校长在认真研究考虑后将意见或建议提交大会，对大会通过的最后决定，党委和校长应充分地尊重并督促行政执行而不能再行决策，若对决定存在疑义也只能按程序提请会议复议。

2. 正确处理好学校行政权力与学术权力的关系

学校行政权力与学术权力的矛盾最主要表现在高等学校中，正确处理好它们之间的关系，既能转变学校行政职能，提高行政工作效率，又能充分尊重教师的专业素养和学术权威，调动他们积极参与学校民主管理。正确处理行政权力和学术权力的关系，就要在消除行政权力的泛化的基础上，建立起学术权力和行政权力均衡的权力结构。第一，从服务出发，摆正行政部门在学校中的位置，彻底打破"官本位"思想。第二，加大教师、专家参与决策的力度。第三，行政权力要真正建立在学术权力的基础之上。

（四）广泛吸收社会力量参与学校管理

社会力量参与学校管理，主要是指学校广泛吸收学生家长、社会公众和社团组织等通过一定的途径介入学校的各项管理，以提高学校管理的服务效能和工作质量。这是深化学校领导体制改革的重要方面。随着社会力量在学校管理工作中作用的增强，社会力量也应该参与到部分学校管理工作中。近年来，已经有学校做出了吸收社会力量参与学校教学管理的尝试。教学是学校的中心任务，教学管理是学校管理的核心工作。随着素质教育的发展，学校的课程设置、教育教学等更加贴近社会的需求。学生家长和社会各界通过参与课程开发、改善师资队伍、监督教学质量等途径，逐步参与学校的教学管理工作，完善了学校教学的外部监控机制。目前，我国学校决策机构中没有学生家长和社区代表，家长委员会和社区教育委员会只是咨询机构和协调机构，无权参与学校各项事务的决策。家长和社会各界的意见能否被校方采纳，很大程度上取决于学校管理者的个人素养，这严重挫伤了社会力量投资办学的积极性。吸收社会力量办学，就要扩大社会力量参与管理的力度，除了参与学校教学等一般性事务管理外，还应吸收家长和社会各界进一步介入学校重大问题的决策。对涉及学校生存与发展的问题，如学校定位、长远发展战略等；对与学生、家长和其他社会力量密切相关的问题，如学生培养方案、各种收费标准、学校财务预算决算等，都应该广泛听取各方面的意见和建议，积极主动地吸纳学生家长和社会各界人士参与决策，保证学校决策最大程度的民主性、代表性和科学性。

第八章　新生代大学生的教育管理策略

第一节　更新大学生教育管理理念

随着当今国际形势的不断变化和改革开放的不断深入，高等院校学生教育管理工作既面临有利条件，也面临严峻挑战。面对新情况和新问题，需要高等院校管理者重新思考高等院校自身所处的社会环境变迁，正确认识全球化、网络化、数字化、信息化给学生工作带来的冲击，积极探索新环境、新情况下学生管理工作的新思路、新理念，为大学生的学习、生活提供最大可能的指导和帮助，使他们能够健康成长、成才。

教育管理理念是高等院校育人工作的核心因素，是统领学校育人工作的灵魂，对其他因素具有显著的整体制约性和指导性。在对大学生心理健康影响因素的研究中，我们发现大学生心理健康因素受到学校教育的影响。从当前大学生心理健康现状以及对其影响因素的综合分析来看，要促进大学生心理健康水平提升，高等院校的大学生教育管理理念必须进行革新。从整个高等教育领域发展来看，我国高等院校正在从扩张办学规模向提升人才培养质量的道路迈进，正在经历由只专注学生知识技能的培养向更加重视学生心理潜能的开发转变。要完成这样的变化，也必须从总体教育管理理念的革新开始。

一、新时期高等院校学生管理工作面临的新情况

（一）全球化意识和社会主义市场经济对高等院校教育管理工作的影响

全球化意识就是指在世界范围内起作用的正在形成过程中的世界整体意识和全球文明。全球化意识的弥漫和渗透趋势在不断加强。全球化借助于网络技术成为一种现实的运动，并在广度、深度、强度和速度等方面都达到了前所未有的程度。实际上，我们每一个人，不但是某一个国家的公民，而且也是地球村的一个村民，即世界公民。地球上任何地方发生的事件和危机，都可以迅速传遍每一个角落。学生的思想也处于一个更加开放的环境，特别是国外敌对势力利用经济、政治、军事优势，加强对我国实施"分化""西化"图谋，利用各种手段和渠道对青年一代进行思想文化渗透。在这种情况下，

如何让青年学生既能充分吸纳国外优秀文化成果，又能自觉抵制不良思想的侵蚀，是高等院校管理者应当思考的一个重要问题。

同时，随着社会主义市场经济的深入发展和不断完善。我国社会经济成分、组织形式、就业方式、利益关系和分配方式日益多样化，大学生思想活动独立性、选择性、差异性日益增强，这些也使学生管理体制面临新考验。

（二）信息与网络时代对高等院校教育管理工作的冲击

卫星通信、数字化、多媒体和计算机网络等技术的发展，对高等院校产生了巨大的影响。校园的网络化、信息化、智能化、个性化特色，真正突破了传统的教室和校园围墙的界限，使知识的创新、传播、转化和应用的速度变得空前快捷。网络已经促成一所所没有围墙的大学的诞生。信息化、数字化、个性化的社会环境为学生提供了无穷无尽的生活空间，他们获取知识和信息的渠道比以前的人多得多，获取信息、传递信息的手段比以前更先进、更快捷。由于外部世界的多样化，再加上学生缺乏辨别是非、认清善恶的能力，最终导致学生对传统文化认同度降低。这对高等院校的学生管理思想、管理体制和管理方法造成了巨大的冲击。

二、新时期高等院校学生管理工作的新思路

（一）树立"以学生发展为本"的教育价值观

教育价值观既体现为学校教育的价值取向和追求，也体现为人们评判学校教育价值有无、高低和大小的重要指标。高等院校的教育价值观表达了高等院校教育活动的最高价值追求，它决定着高等院校育人工作的核心价值行为。当前高等院校育人工作存在的许多问题的核心就是其教育价值观问题，其中也包括大学生心理健康问题。面对大学生心理发展和素质提升的现实需求，高等院校必须树立"以学生发展为本"的教育价值观，以促进大学生教育管理工作。在这里，"以学生发展为本"的教育价值观应包含三种含义。

1.学生的"人的价值"是高等教育价值的中心

理论上人的价值具有个人和社会两个不同属性。在现实中如果人的价值是由他所创造的社会价值所决定的，那么他全面自由发展的水平决定着他创造活动的水平，进而决定着他所创造的社会价值。从这一视角出发，大学生的自我价值同其创造的社会价值应该是统一的，这也就是大学生个体作为目的和作为手段的统一。因此，片面强调大学生个体的价值就是对他人、对社会的贡献，忽视其个人发展的需要甚至否认个人的价值主体地位的教育价值观，就是没有领悟到人的自我价值与社会价值的辩证联系，必然导致高等教育中学生的主体地位被抹杀，使高等教育成为"无人"的教育，更别说大学生培育了。在当前高等教育领域，许多高等院校仅仅是把"以人为本"的理念停留在口头上，还没有真正深入头脑，成为行动。面对各种指标和短期效益，这一理念往往被抛到脑后，

这也是导致大学生心理问题的根源。因此，无论从哪个方面来说，高等院校教育活动的价值必须以学生的个体发展为中心，也就是以学生的"人的价值"为中心。这是高等院校培育大学生的前提和基础，脱离了这个中心，高等教育活动的社会价值以及经济价值、文化价值等也不可能得到有效实现。

2. 高等院校教育价值的提升来自学生价值的提升

人通过接受教育获得生活技能和智慧，精神世界得到进一步丰富和发展，从而使人的生活更加有意义。教育对人发展的决定性作用表明教育活动就是为人的发展和创造活动开展和设计的，教育中的所有因素的价值都是在提升人的价值过程中得以显现的。因此，可以说满足大学生身心发展的需要是高等院校教育价值的主要体现。在现实中，文化传承、服务社会、科技创新固然体现着高等教育的价值，但是对于教育价值的整体考量，学生价值的提升才是彰显教育价值的根本。因为人的价值是创造其他价值的基础，所以，如果没有学生的全面发展，没有学生素质的提升，教师发表再多的论文、产出再多的科技成果，都体现不出教育的根本价值，是本末倒置的价值考量，是违背教育伦理原则的价值取向。

3. 促进个体和谐发展是高等院校提升学生"人的价值"的根本前提

高等教育的基本功能就是提升人的价值，即提升大学生个体的人格价值和社会价值。在高等教育提升人的价值的过程中，只有首先使其个人潜能和素质得到充分发展才有可能实现其价值的更大提升，从这个意义上说，促进大学生个人的全面发展，是提高其个人价值的根本前提。从教育学意义上理解，大学生的全面发展是指其基本素质的全面发展。正如德国心理学家爱德华·斯普朗格所说："一个真正受了教育的人，不单体会到学识，并能了解经济利益的意义，欣赏美的事物，又肯为社会服务，进而对生存的意义也能彻底体会。"这正是新时期对大学生全面和谐发展的基本要求，也是大学生心理素质发展和提升的内在需求。可见，只有大学生具有了完整人格才能够发挥更好的影响力，只有个体的社会价值得到充分展现，大学生才能够更加自信、乐观，才能够具有发展动力和更强的意志力。

（二）树立正确的高等教育伦理实践效益观

高等教育存在的价值合理性就在于能够依据人的成长发展需要和社会发展客观规律，开展有目的的、自觉的和能动的教育活动，实现其承载促进人的全面自由发展和为社会发展培育高素质创新人才的功能。高等院校教育只有在两者之间找到一个相互协调的平衡点，才能很好地完成这两项基本功能。这是高等院校教育伦理实践效益的基本标准和要求，也是保障高等院校有效开展大学生管理培育工作的前提条件。

1. 高等教育伦理实践应体现出个体层面的价值功能

高等教育伦理作为一种道德行为规范，起着调节教育活动中教育主体之间关系的作用。它规定着教育主体应该做什么和怎么做，引导教育主体行为以"善"为价值取向，从而推进受教育主体的全面发展。高等教育伦理作为一种特定领域教育活动的内在善恶规范，对于受教育者应当如何发展、成长为什么样的人，在实施教育行为之前，已经预设好了预期结果和路径，并据此结果和路径组织教育实践，使受教育者在教育实践的影响下形成具有鲜明自我特征的个性品质，并按照预期路径实现个人的自由全面发展，最终成为人性得到全面诠释的真正的人。此外，高等教育伦理作为高等教育主体把握教育实践活动内在本质的特殊方式，还反映着主体行为的价值意识，引导着主体对现实高等教育实践活动的价值选择，对主体的人格完善和发展具有促进作用。

2. 高等教育伦理实践应体现出社会层面的价值功能

高等教育伦理作为社会伦理系统的一个组成部分，在对象和内容上包含了社会的各个层次和方面，主要是通过受教育的人对社会产生间接导向作用。高等教育的基本功能是培养高素质创新人才，通过培养人才为社会生产服务、为经济发展服务、为政治活动服务、为文化传承服务等，实现高等教育的经济价值、政治价值和文化价值，即社会价值。因此，高等教育伦理的社会价值也要最终通过其培养的人去实现，并体现为一种社会功能。高等教育伦理作为调节教育主体教育活动的道德规范和价值精神，其实现自身社会功能的基本路径就是通过优化教育发展和提高受教育者的整体素质和能力，促进社会现代文明的发展。从一定意义上讲，高等教育伦理这一社会功能具有一种特殊的人力资本价值，不但对社会的政治、经济和文化发展发挥着积极作用，而且对个体的自我效能、希望等品质的发展也起着特殊的作用。

高等教育伦理的个体功能和社会功能是不可分割的两个方面。高等教育伦理实践的理想效益就是通过高等院校教育活动使其具有的个体功能和社会功能达到统一，促进两种功能和谐发展。

（三）凝练全方位育人的学校育人观

高等院校教育过程中包含着很多影响大学生心理问题的因素，如师生互动过程中的人际支持、成就动机的激发、教师个人魅力和教育管理主体素质的影响以及学校制度文化和环境文化熏陶等，这些因素都会对学生心理活动过程产生潜在影响。因此，树立全方位育人管理思想对大学生培育管理具有积极作用。目前，多数高等院校的管理者都认识到了全方位育人的重要作用，但是在如何实现全方位育人，如何通过系统的全方位育人方案提升大学生心理健康和整体素质水平方面还没有一套成形的思路。在此，高等院校有必要进一步凝练和明确全方位育人的育人观，使学校管理架构中的每一个方面都充分发挥自身优势，形成合力，促进大学生整体素质有效提升。

1. "全方位"要体现在一个立体的、系统的整体上

高等院校教育过程中包含的影响大学生心理健康的外在因素是多方面的，既有教育者主体作用，也包含着环境因素。教育主体内涵非常丰富。从广义上讲，教育主体不仅包括教师、后勤人员、管理人员，也包括大学生自身和家长等，但是从直接发挥作用的主体看，主要体现在辅导员、教师、学生群体和家长等几方面。环境因素是影响大学生心理发展的重要外部因素，主要包括非物质环境和物质环境。在这里，环境的创造离不开教育主体的作用，不同的教育主体发挥着不同的积极作用，大学生的外在影响因素充满了复杂性、联动性和特殊性，这就构成了与大学生个体内在因素相互作用的一个外在的立体的整体系统。在这个动态的整体系统中，每个影响因素在不同时期、不同事件中的作用又不同，它们之间互相促进或者互相抑制。因此，全方位育人就要充分发挥各要素的整体性、联动性和积极性，发挥影响因素的立体作用，不能将各要素割裂开来单独审视，期望其独立发挥作用。

2. "全方位"还体现在教育主体影响作用的多面性、复杂性上

在高等院校育人过程中，影响大学生心理问题的因素来自方方面面。同时，就每一个因素来讲，它的作用又体现在多个方面，这些作用有可能是互相促进的，也有可能是互相抑制的，并且每一个作用的影响力大小也不尽相同。例如，教师既可以通过良好的师生关系为学生日常生活提供积极的人际支持，进而对学生人格发展产生积极影响；也可以充分发挥自己的才华，在教学活动中充分展示自己的人格魅力感染和影响学生，还可以精心设计教学过程和教学内容，通过教学过程的实施和教学内容的展现影响学生，等等。通过调查我们发现，在每个教育主体的作用中，人际支持作用对心理问题影响作用最重要，主要包括家长的人际支持、教师的人际支持、同学的人际支持等。因此，全方位育人不仅要体现在育人主体的丰富性、系统性上，还要体现在每一个育人主体作用的多面性、复杂性上，全方位育人要切实考虑到每一个教育主体的育人优势，充分发挥优势作用。

3. "全方位"还体现着校园文化作用的立体化

从高等院校育人过程的宏观角度来看，校园文化作用是全方位育人工作的一个方面，它与各个教育主体互相联动。但是，就校园文化自身来看，它又是一个由各种因素构成的立体网络结构，既包含意识形态的内容，也包含物质的一面，如校园制度文化、学术氛围、社团文化、校园环境等。这些结构相互作用、相互影响，构成了一个整体，在育人过程中发挥着整体作用。在意识形态方面，有的通过各项制度体现，有的通过行为活动体现，还有的通过校园历史的积淀体现；在有形的物质方面，有的通过校园环境体现，有的通过教学设施体现；等等。无论是物质的还是意识形态的，都通过其特有的方式对

大学生的心理活动、思想意识发挥着作用。其作用的大小也会因学生群体自身特点的不同而不同，因作用方式和强度大小的不同而不同。因此，高等院校校园文化建设既要考虑不同影响因素的作用方式、作用效果，又要考虑不同大学生群体的自身因素。

（四）创新高等院校生涯教育观

生涯规划能力是大学生应该具备的基本能力，是大学生开展生涯规划的基础，是大学生实现其全面发展的前提条件。高等院校生涯管理就是为帮助大学生做好生涯规划，培养大学生生涯规划能力而针对个体开展的一系列影响活动。通过一系列的制度、措施引导和帮助大学生规划生涯，提升其生涯规划能力，使之能够有效规划自己的大学生涯，自觉开发自我发展潜能，为其以后的生涯发展奠定能力基础。我国高等院校开展大学生生涯教育起步较晚，多数高等院校的生涯教育偏重于职业指导和职业规划，没有形成中国本土化的高等院校生涯管理理念，同时我国当前高等院校生涯管理仍存在许多问题，高等院校生涯管理工作不能适应大学生生涯发展需要。因此，高等院校在大学生心理健康培育和提升过程中应创新高等院校传统生涯教育观念，树立生涯管理意识，强化学校生涯管理工作。

1. 高等院校生涯管理的主要任务是培养大学生的生涯规划能力

高等院校生涯管理是指高等院校为实现高等教育的人才培养目标，满足大学生个体全面发展的实际需求，对大学生在校阶段的生涯发展实施的管理和辅导工作，其主要任务是培养大学生的生涯规划能力。具体来讲其包括以下方面：一是培养大学生生涯探索能力和自我经营能力，使学生正确认识自我、了解自我、接纳自我，具有强烈的生涯发展需求，能够清醒地面对未来的职业发展，了解相关职业领域的发展需求和现状，努力充实专业知识，提升职业技能，积极探索自己潜能发挥的有效途径，等等；二是培养大学生生涯决策能力，使学生在生涯发展的一系列决策过程中，知道如何设定生涯目标和及时调整目标，如何确定自己职业发展方向和未来职业范围，在面对快择情境时，能实事求是地看待问题并做出正确决策。三是培养大学生生涯行动及监控能力，使学生在计划执行过程中能够通过有效的时间管理、建立良好的人际关系、积极适应周围环境变化、创造性地解决问题来保证计划实施、及时调整不合理的计划以及就自己发展的不足积极提升自己，以适应生涯发展对个体的新要求。

2. 以"生涯管理"基本理念指导学生开展职业生涯规划

从生涯发展角度来看，大学生正处于对未来职业进行探索阶段，只凭个人的经验和能力很难对未来职业生涯进行准确定位，制订合理规划。高等院校开展生涯规划指导，可以帮助学生进一步正确认识自己的兴趣、职业意向、职业潜能和职业素养等，使其尽早明确职业发展目标和方向，从而及时调整专业知识结构，弥补实践技能的不足，进一步增强职业综合素质和就业竞争力。因此，生涯管理要从观念上消除将职业指导等同于就业安置或提高就业率的误区，充实就业指导工作内涵，转变就业指导工作思路，把就业指导的重心转向学生生涯规划指导，不断激发学生职业规划的意识，引导和帮助学生选择正确的职业生涯发展路径，以实现学生期望的自我社会价值。

3. 高等院校生涯管理是对学生的教育实践实施的全方位指导

完全意义上的高等院校生涯管理是以生涯辅导为基础的全方位指导，主要包括与学生的个人发展愿望相结合、与学校的整体教学过程相结合、与国家和市场发展对人才的需求相结合三个方面。大学生涯管理是指培养生涯规划能力的教育活动和辅导活动，通过制度建设、计划制订、教育教学活动、师资队伍建设来实现学校影响。例如，学校可以要求专业任课教师将关于学生生涯发展认知、生涯态度等有关内容融入教学内容中，可以要求指导教师将生涯管理有关要素融入社会实践和第二课堂活动过程中，潜移默化地培养学生的生涯规划意识和能力。

4. 重视高等院校生涯管理的理论研究

近几年来，国内高等院校为了适应社会对高等教育人才培养的需要，推动高等院校毕业生就业制度改革，纷纷开始了校园生涯管理的探索。但各高等院校的职业指导工作无论是实践层面还是理论层面，多数是对国外一些经验的复制和套用，还没有真正从个体全面发展的角度开展大学生涯管理，还需要系统开展职业规划辅导和生涯发展管理研究，需要开展高等院校生涯管理模式、职业心理测试量、就业评价体系等理论层面的探索，建立本土化的生涯发展理论体系。只有开展扎实的理论研究才能为高等院校生涯管理实践提供依据并指明方向。

（五）树立科学的生命意识教育观

生命意识是人对自己和他人的生命存在价值的一种认知与感悟。具有良好生命意识的人，热爱生命、珍惜生命，善待自己和他人的生命，对生命及生命关系有良好的认知，能正确认识、理解、把握自己的生命价值，形成个体完善的人格品质。高等院校生命意识教育的目的就在于使大学生树立良好的生命道德品质，使其能够正确认识和把握自我生命与人类生命同自然环境的关系，促进各种关系和谐融洽，使得自己在追求生命价值最大化的基础上生活得更有意义，更有利于个体全面和谐发展。因此，高等院校生命意识教育的核心内容应该是积极培育大学生的生命道德意识。

人的社会属性决定了其在正常生活中时时刻刻都要与自己、他人、社会环境发生各种各样的关系，在这些互动关系中，每一个人都承担着对自己、对他人和对社会的各种责任。在这些责任当中，个体对自己、对他人及对人类生命的责任是最基本、最重要的，也是生命道德的基本要求。对生命的责任意识是生命道德的基本内容，生命道德是调整人与自己生命、他人生命、人类生命及终极理想之间关系的道德。生命道德源于人对生命的关注，是人们对待生命的德行品质，是调节人们有关生命行为的特殊规范的总和。生命道德的意义在于追求生命神圣、生命质量和生命社会价值的和谐统一，是指导个人处理与自己生命、与他人生命、与人类生命及与精神生命之间关系的行为规范。生命道德是人的生命关系的应然，心理健康是人的关系世界的实然反映，回归到人的生活世界，两者在本质上具有统一性，都是为了追求人与自我、人与自然、人与社会以及人与精神信仰的和谐关系。这种"关系性"上的统一性，使生命道德成了影响大学生心理健康的重要因素。积极的生命价值观能够引导大学生面对生活中的困难摆脱消极心理状态，积极的生命道德行为有助于大学生获得积极情绪体验、社会支持和成就感。良好的生命道德品质有利于解决大学生成长中的发展问题，生命意义感能提升大学生的自我价值感和主观幸福感。因此，积极培育大学生的生命道德能够促进大学生心理健康的培育和提升。

第二节　创新大学生教育管理方法

面对当代大学生心理健康现状及其存在的心理问题，高等院校应从实际出发，探索有利于当代大学生心理健康发展的教育管理新方法。创新大学生教育方法要坚持意识形态引导与行为管理相结合、整体性推进与关注差异性相结合、理论研究与实践创新相结合。

一、突出生命价值取向的建构

生命价值取向是一个人确立其与自我生命、他人生命以及自然界生命关系的基础。这些关系直接影响着人的性格特征的形成、人际关系的构建及价值观的确立等，是个体意识形态中对其心理活动和行为表现具有根本影响作用的因素。因此，高等院校在大学生教育管理中更应突出对大学生生命价值取向的构建，以此助推其心理健康发展。

（一）培养正确的生命意识

部分大学生之所以对来自自身的影响因素敏感性不高，主要是他们获得了家庭和社会的过多关注和关爱，个体缺乏对生命关系和生命价值的真正思考，缺少来自内部的自觉意识。生命意识是人对生命存在和生命价值的认知与感悟，是人在对生命存在的认识和理解的基础上，通过实践活动追求生命关系和谐、生命社会价值延续的自觉意识。大学生具备正确的生命意识，更有利于清晰定位人生目标，明确生涯发展目标，进而在实现生命社会价值的过程中，实现自身全面发展。因此，高等院校要强化大学生的生命意识教育，培养他们正确的生命意识，具体应从四个方面把握。

第一，引导大学生树立珍惜一切生命的意识。

生命是宝贵的，是个体存在的基础和条件，个体生命的存在也是人类创造和实现一切的先决条件。因此，生命意识教育的基础在于关爱、珍惜生命的教育。同时，人的本质不是单个人所固有的抽象物。在其现实性上，它是一切社会关系的总和。珍爱生命不仅是个体存在的需要与权利，更是一种责任与共同生活的基本法则，珍爱生命就是不仅要珍惜自我生命，更要关爱他人生命。无视他人生命的人不可能对自己生命的存在和价值有正确的理解，更不可能有崇高的人格品质。珍爱生命的教育，应当是自我与他人、权利与责任相统一的教育。"出入相友，守望相助，疾病相扶持，则百姓亲睦。"这既是我们中国人追求的道德理想，也是建设社会主义和谐社会的目标之一。人与人之间只有互相关爱、互相尊重，才能真正尊重和珍惜生命，尊重他人选择生存方式的自由。教育学生珍爱生命，就是要教会学生认识生命的珍贵，珍惜自我和他人生命的存在，就是要培养学生的生命责任感和对生命的感恩之情，学会关爱、学会宽容、学会共同生活，懂得用爱心去回报关爱。

第二，培养大学生对生命的责任意识。

人的社会性本质决定了人在正常生活中，必须与自己、他人、社会发生各种关系，任何人都必须向自己、他人和社会承担起自己在社会中的责任。其中，对自己、他人及他类生命的责任是最基本、最重要的，这也是道德的基本要求。对生命的责任意识是生命道德的基本内容，也是一个人社会责任意识的基础和根本。大学生生命道德中责任意识缺失现象是受到多方面因素影响形成的，最重要的是两方面原因：一是学校教育的失误和缺失。大学生生命道德教育一直受到传统道德教育思维方式的影响，内容过于理想化，目标脱离个人的需要和利益，其教育过程互动不够，形式化明显，没有形成完整体系，实效性较差。二是社会环境的消极影响。在当前社会上一些错误认识和不良影响不可避免地会对人们的思维方式、意识观念、行为活动等造成冲击，自私自利、损人利己、金钱至上等现象依然存在。以人为本、尊重生命、追求生命意义、提升生命价值的良好社会氛围尚待加强。

第三，引导学生积极探索生命的意义与价值。

人的生命是有价值的，价值是人存在的基础和依据，对人生意义的追求、对生命社会价值的追求是生命价值的最高体现。生命教育应该引导大学生从外在化、功利化、世俗化的目的中解放出来，积极探索生命的意义，努力提升生命价值。生命的意义不仅指个体生命的意义, 也指人对人类在宇宙中位置的思考, 以及对人类"类生命"本质的思索, 两者是相统一的。因此, 探索生命意义、提升生命价值的教育应包括以下三方面: 一是创造生命价值的教育。人的生命就是意义生命, 人是一种价值实体。意义不是客观存在的, 它是经过人主观努力创造的。二是体验生命价值教育。大学生注重自我实现, 应积极引导学生认识到自我实现是一个过程。其中那些微小的进步未必会带来权力、金钱、地位等外在价值决定性的改变, 但都会给个体带来生命的高峰体验, 从而使个体对生命价值的认知发生良好转变, 对生命的价值和意义有所领悟。三是引导学生把生命个体价值与社会价值统一起来, 体现生命价值的最高形式。人是一切社会关系的总和, 是地球村中的一员, 将大学生的生命视野引向整个社会、整个人类和宇宙, 将生命个体与社会、与他人、与自然结合起来, 才是生命价值的最高体现。

第四, 引导学生建立科学合理的生涯发展目标。

生命的意义体现在为自己明确的人生目标奋斗的过程中, 平时那些生活态度积极、获得较大价值感和成就感的大学生, 是有明确的目标并不断向目标迈进的人。生命意识教育内容之一, 就是引导学生确立一个正确的人生目标, 并鼓励他们为之努力奋斗, 在有价值感的活动中体验生命的意义, 实现生命的价值。大学生的人生目标既与社会需求相统一, 也与个人兴趣爱好和追求一致; 既有长远、持久的目标, 也有短期的实施计划; 既包括人生规划, 也包括人格完善, 是一个身心和谐、持续发展、志存高远的目标。

(二) 创新生命道德教育

高等院校生命道德教育在传统道德教育思维方式的长期影响下, 教育内容过于理想化、抽象化, 教育目标脱离个人客观实际需要和利益, 教育过程呆板化, 互动不够, 没有形成完整体系, 实效性较差。创新大学生生命道德培养路径应注意把握三个方面内容。

第一, 加强对"个体"的关注。

生命道德教育是重视个体本身的道德教育, 需要构建整体性德育体系并调动学生的主体意识和个体意识。传统的道德教育注重弘扬社会或集体的利益, "忘我""无私"的思想受到推崇。其中"忘我"的道德教育更多考虑的是为"他人"的, 对个体道德的自主性、生命价值的尊严、自我利益的正当性等没有给予更多关注和应有重视。在现实世界, 人既是一个实体, 更是一种关系存在, 每一个人都存在与他人的关系, 他人的存在是每一个人存在的条件, 个人的发展只有在与他人的关系中才能实现。每个人为了自己, 必然要做一些有利于利益相关者的事情, 这些人当然是在自己所属群体中生活的人, 包括自己家人、同学、同事等。此时个人的"私"实际上已经不是单纯的"自私", 作为个体的"我"也不再是狭义的"小我", 而是广义的包含其他人利益的"大我", 这种"大我"与单纯"小我"之间直接相关, 而不是割裂的、空洞的、排异的。因此, 高等院校开展生命道德培育不能只注重为他人、为人类奉献的教育，更应该关注"个体"，个体生命价值、利益在生命道德教育中应同样受到重视。

第二，开展生命叙事活动。

所谓生命叙事活动就是指表达自己生命故事的活动。生命故事是指个体在生命存在与成长过程中逐渐形成的对生命的感受、经验、体验和追求。它既包括个体自己的生命经历、生活经验、生命追求，也包括个体对他人生命存在的感受、经验、体验和追求的感悟。生命叙事过程会直接触及个体或个体对他人生命的生活经历、情绪感受、情感表达、生命经验等的认知，并再现这些生命经验，触发生命体验，感悟生命意义，有助于大学生对自己生命情绪、情感认知的调节，有助于大学生生命责任感的形成，也有助于大学生正确处理与自己生命的关系。生命故事本身凝结着个人对自己或对他人人生重要经历的理解和经验，生命叙事过程就是将其再次间接呈现出来，在他人讲述的过程中不仅会使自己获得对生命道德关系的新感悟，也会使自己获得一种内在的对自己和他人生命价值与意义的责任感。大学生讲述自己生命故事的过程也是自己对事物、对他人、对自己再认识的过程，引领着自己生命成长的方向。

第三，加强生态道德教育。

自然环境是各类生命赖以生存的基础，珍惜生态、保护环境是人类发展和进步的需要，高等院校应从三个方面加强大学生生态道德教育：一是要树立崇尚自然、热爱生态的道德情操。随着人们物质生活水平不断提升，追求原生态的自然美已逐步成为人们的审美追求和社会时尚，回归自然、返璞归真是当前人们价值追求的新特点。因此，高等院校应该以此为契机把大学生的审美情趣引导到尊重自然、珍惜生态、保护环境等方面来，并使之形成一种校园氛围、校园时尚，内化为大学精神的核心内容，带动每个大学生都养成一种符合生态文明要求的高尚情操。二是要唤起大学生关爱生命、善待生命的道德良知。高等院校应该从自然生态伦理视角出发，引导大学生正确认识自然界一切生命存在的客观必然性，在维持人类一定生存质量的同时，敬畏生命，自觉保护身边生命体的基本生存权，维护自然生物链条的完整与和谐。三是要培育大学生崇尚勤俭节约的传统美德。在我国现实的国情条件下，盲目追求高消费会给有限的自然资源造成极大的浪费，每一位大学生都应以节俭和适度消费为荣，树立这一美德对于社会经济发展和生态环境保护都有重要的现实意义。

二、凸显大爱精神对校园文化的引领

高等院校大爱精神是高等院校广大师生在生活中表现出来的对自己、对他人、对国家和民族前途与命运的自觉关注、高度负责和无私奉献的精神，是高等院校文化的核心、本质内涵，是指导高等院校各种办学活动的核心精神，是大学生成长的动力和发展的精神源泉，是大学生感受人间大爱，提升领悟社会支持的巨大财富，是大学生培养积极人格品质的最好资源。

（一）在课堂教学中培养大爱精神

课堂是高等院校践行大爱精神的主要阵地之一。在课堂教学中，教师不仅要重视科学文化知识的传授，更要把爱国家、爱民族、爱他人、爱自己、无私奉献、勇于担当的精神和意识融入课堂教学全过程，把大爱精神的精髓与教师的人格魅力和科学知识的吸引力有机结合，潜移默化地影响学生，让每一个学生真正认同大爱的精髓、领会大爱的真谛。

（二）在学术活动中培养大爱精神

学术活动是更高层次的实践活动。在大学中，科学研究工作有着自己特殊的规律，求真、务实、创新是开展科学研究活动的基本要求。在科学研究中形成的追求真理、宽广包容的精神就属于尊重真理、热爱科学的大爱精神。这种大爱精神会深深感染那些参与科研学术活动的人，潜移默化地培育着每一个参与者的大爱意识。因此，在学术活动中培育大爱精神，就是要遵循科学研究发展的规律，崇尚严谨、求真、务实、创新的学术精神，就要关爱从事科学研究活动的群体，为从事科学研究活动的人创造宽广、包容的学术环境。在科学研究工作中展现出来的追求真理、宽广包容的精神既是爱真理、爱科学、爱师生的高等院校大爱精神在学术研究中的体现，也是高等院校学术创新活动得以顺利开展的必备要素，对培养大学生创新能力和创新精神有重要作用。

（三）将大爱精神融入制度文化建设

高等院校应把大爱的理念融入校园制度建设之中，积极推动"人性化"的管理模式，通过引导师生广泛参与民主管理来推进学校管理科学化。将大爱精神融入校园制度文化建设中，就是把大爱精神与校园各项规章制度有机结合起来，使制度中饱含着学校对教师和学生的关爱与尊重。通过制度的人性化功能调节人与人之间的利益，规范每个人的行为，通过制度强化学生自我教育、自我管理的意识，促使师生主动将个人成就、切身利益与学校的发展紧密联系在一起，形成师生与学校互信互爱的氛围。

（四）将大爱精神融入高等院校教师行为文化建设

当前，高等院校行为文化建设的重点应该放在规范教师的行为上来，切实开展师德师风建设。2014年10月，教育部《关于建立健全高校师德建设长效机制的意见》提出：高等院校要积极引导广大教师做党和人民满意的、放心的合格教师，做有社会主义理想信念、高尚道德情操、学识渊博和仁爱之心的好教师，要进一步加强和改进教师的思想道德建设，培养和造就一支思想品德高尚、业务技术精湛、充满生机活力的高素质教师队伍，这对高等院校师资队伍建设提出了新的更高要求。因此，高等院校在贯彻该意见时，应着力塑造教师严谨、努力、乐于奉献的行为品质，让大爱精神体现在每一位高等院校教师的举手投足之间，使每一位教师都能成为为人师表的榜样，成为学生敬佩的力量，默默地感染和熏陶着自己的学生，给他们的思想和行为带来积极影响。

（五）将大爱精神融入高等院校环境文化建设

高品位的环境文化不但能够加深广大师生对人生美好事物的感悟，对环境中"美"和"爱"的理解与认同，还有助于促进大爱精神在校园的传承与发展。因此，高等院校在进行校园硬件建设中，要将大爱的元素和自身办学特色体现其中，用校园环境特有的感染力激发师生的爱校热情，陶冶师生爱自然、爱学校、爱他人、爱科学的良好情操。例如，有的高等院校在图书馆内饰设计上，刻凿有隐喻科技发展促进人类进步的浅浮雕；有的高等院校将大门设计成仿古风格，不仅表现出了浓郁的民族特色，还完美地继承了民族的、学校的良好历史文化传统。这些都是校园建设中融入大爱精神元素的生动体现。

三、注重理论研究对教育管理创新的推动

针对大学生心理现状存在的问题，高等院校应重点开展积极心理教育研究和生涯管理理论研究工作，促进高等院校心理教育和生涯管理工作水平进一步提升。

（一）开展积极心理教育研究

近年来，我国部分学者将积极心理学理论扩展、整合至高等院校思想政治教育、心理健康教育等实践性较强的领域，开拓了高等院校积极心理教育的理论研究和实践探索。例如，有学者探讨了积极心理学在大学生思想政治教育中的整合、借鉴与应用；有学者分析了积极心理学与高等院校心理健康教育相结合的必要性，提出了两者相结合的具体设想与方法。

然而，当前高等院校积极心理教育中针对大学生心理问题的理论研究和实践探索方面都比较薄弱，还有许多有待进一步完善和解决的问题及需要探索和弥补的不足。一是高等教育领域尚未形成一套成熟的、可以指导高等院校积极心理教育的理论体系。高等院校关于积极心理教育还没有建立一套行之有效的操作模式，研究方法和研究技术亟待整合与发展，研究的内容和领域有待拓展和深化。二是建立在中国文化背景下的本土化研究还有待加强。因此，我国高等院校积极心理教育研究还任重道远，建立完整有效的理论框架，拓宽研究领域，创立和发展新的研究技术，与传统心理教育协调发展以及积极心理教育在高等教育领域的本土化研究等都将是高等院校积极心理教育研究面临的紧迫任务。

（二）加快大学生生涯理论和生涯辅导技术本土化创新

目前我国开展大学生生涯辅导主要依据国外生涯发展理论和生涯辅导技术，国外的生涯辅导理论和辅导技术为我国高等院校开展生涯辅导工作提供了有益的启示与借鉴。

然而，如何将国外的理论和技术更好地应用于中国高等院校的生涯管理，并在其基础之上研究开发中国本土化的生涯发展理论和技术，是高等院校生涯发展理论和技术应用研究的重要内容。

国外理论应用要实现中外价值取向的有机结合。由于受到历史、传统文化等因素的影响，中外价值取向的差异深深地影响着人们的思维方式和心理行为。从价值取向来看，一些国家个人的价值和意义被放在首要位置，即个人主义倾向占主导。而在中国传统文化里，集体的价值和意义被放在首要位置，提倡个人服从集体，集体主义始终是价值观念的核心。在高等院校生涯管理工作中一味强调集体和整体，忽视个体的成长发展需要，忽视个体个性的适度发展，就会压制学生的主动性和创新意识，高等院校生涯管理的实际效果将大打折扣，也背离当前高等教育改革方向。但是完全引进国外的理论体系，就会造成水土不服，引发学生价值观混乱，使这些理论难以在实际中得到应用和发挥，背离人才培养目标和方向。因此，在国外生涯发展理论和技术的应用中实现中外价值取向的有机结合，是当前生涯发展理论和技术本土化研究的主要方向。

开发本土化大学生职业生涯测评系统。科学、客观的自我评估是实施有效职业生涯规划的前提和基础。本土化的专业职业测评更适合中国人的文化和心理特点，有利于大学生更加科学、客观地认识自己。开发本土化、专业化的职业测评系统主要有两项工作：一是要培训和配备专业的人员，保证测评过程的规范性和结果分析的科学性；二是开发科学的、完善的测评工具，保证测评结果的真实性和可信度。本土化职业生涯测评工具的开发是本土化大学生职业生涯测评系统建设的重点和难点，需要结合我国大学生心理特点和我国社会职业环境特征，同时注重实践性、专业性和经济性相结合。

第三节　拓展大学生教育管理途径

面对大学生心理健康发展的要求，高等院校应该进一步拓展大学生教育管理途径。从培养大学生积极心理品质、培养大学生生涯规划能力以及构建来自家庭和同龄人的人际支持机制等方面，为大学生心理健康发展创设良好的条件。

一、开展积极心理教育

当前我国多数高等院校心理教育的重点放在了普及心理健康知识、解决学生心理问题和预防学生心理危机发生方面，心理辅导和咨询工作也把消除部分学生的心理障碍和预防心理问题发生提升到主要地位，忽视了心理教育开发人的潜能和培养个体积极心理品质的重要任务，关注的对象仅是少数有心理问题的人。高等院校应该大力开展积极心理教育，促进大学生积极心理品质的培养和潜能的开发。

（一）构建积极心理教育课程体系

高等院校心理教育课程应以积极心理学为指导，在课程目标、课程内容、教学方法、教学效果评价等方面进行改革。

课程目标应突出个体发展性。心理教育课程目标应由重点解决部分学生面临的问题，走向关注全体学生积极人格的发展。根据积极心理学理论，心理教育的对象是全体学生。课程目标设定应包含心理问题预防、不良心理行为矫正和积极人格品质培育，重点是突出心理教育的发展性功能，要强调如何进一步优化学生心理品质和进一步开发心理潜能，培养学生的积极心理品质、积极情绪体验、积极自我概念、创造性思维品质等，具体包括培养和提升创造性、洞察力、积极情绪、情绪控制能力等各种智力潜能和非智力潜能。

课程内容应与个体发展需求相结合。当前高等院校心理教育课程内容多以大学生常见的心理问题与疾病预防为出发点，以心理问题的症状、成因以及相应的预防和调适技巧为主，具体讲授心理学基本知识、个体心理活动规律、心理问题产生的原因及应对措施等。课程学科化、知识化倾向严重，与学生的实际需求和关注点差距较大，特别是与学生心理健康发展需求相距甚远。积极心理学视野下的心理教育应紧密与学生全面自由发展需求相结合，与学生的积极人格养成相结合，将心理学理论与生活实际相衔接，培育和开发大学生个体和群体的积极品质，最终达到促进大学生个体和群体心理优势形成和提升的目的。我国学者孟万金等人在综合考虑时间因素（过去的、现在的、未来的）、行为类型（生活的、学习的、工作的、社交的）、关系指向（对人的、对事的、对己的）基础上，将14项内容优先列为学校积极心理教育的核心内容，包括增进主观幸福感、提高生活满意度、开发心理潜能、发挥智能优势、改善学习能力、提升自我效能、增加沉浸体验、培养创新能力、优化情绪智力、和谐人际关系、学会积极应对、充满乐观希望、树立自尊自信、完善积极人格。

教学方法应多样化。积极心理学非常重视体验在教育中的作用，认为积极人格形成的最佳途径就是让受教育者在教育和生活中体验积极的情绪情感、认知感悟等心理活动。因此，高等院校心理教育课程中要增加各种体验环节，引领学生体验过去的、现在的积极情绪情感和认知感悟等，领悟未来的美好设计和憧憬。通过体验与领悟过程培养和提升学生内在的积极力量，激发学生的积极性和创造性，进而促进学生积极人格特质的形成和发展。高等院校心理教育课程应注重理论与实际相联系，强调集知识、体验和训练为一体的教学方法，在教学中要注重将知识讲授、行为训练、心理体验等过程有机结合，根据教学内容灵活采用知识讲授、团体训练、案例分析、生命叙事、心理情景剧、团体辅导等教学形式，丰富学生内心体验过程，让学生在体验中学习、感悟，使其掌握心理调适与激发潜能的技能。除课堂教学外，高等院校还应该将心理教育拓展到日常生活中。生活中对积极事件的体验与感悟，更能增加学生的积极情感认知和沉浸体验效果，更有利于学生积极心理品质的形成与发展。

教学效果评价应多元化。人的心理品质是一个内隐的、抽象的、个性的概念，无法用具体标准来衡量。同样，心理教育课程的教学效果也具有内隐性、抽象性、个别性特征，很难用一个具体的、统一的评估体系进行效果评价。因此，积极心理教育课程效果评价应坚持注重发展性和过程性，采用多元、动态的评估方式。评估内容包括基本知识理解掌握情况、学生积极心理品质形成和发展情况以及实际解决问题的能力提升情况。教学效果评价要突出强调课程效果对受教育者整体性发展的促进情况，重视评价的动态性、情境性，最终实现通过评价能够全面、客观地反映学生积极心理品质提升情况和心理潜能开发或激发情况等。

（二）开展发展性心理辅导

考虑到大学生心理健康发展需求和影响因素，高等院校的心理辅导也应该改变目前以障碍性心理辅导和适应性心理辅导为主的模式，重点开展发展性心理辅导。发展性心理辅导是指根据个体心理发展的一般规律和特点，结合个体的个性心理特征，帮助和支持个体尽可能圆满完成各自的心理成长历程，使个体能更好地认识自我、接纳自我、调节自我，完善积极人格品质，开发自身潜能。发展性心理辅导的主要任务是对个体的自我意识、情绪调适、意志品质、人际交往与沟通及群体协作技能进行辅导，培养良好的个性心理品质，提升社会适应能力。

在大学生个体的成长发展过程中，其积极人格特质的形成与发展主要是通过内部和外部因素对其所具有的各种现实能力和潜在能力的激发和强化来实现的。当大学生本身具有的某种现实能力或潜在能力在学习和生活过程中不断被激发和强化，逐渐成为一种日常行为习惯时，由这些能力和潜能构成的积极人格特质也就形成或者得到了发展。因此，高等院校心理辅导应在积极人格理论的引导下，结合每个被辅导学生的实际情况，激发和强化学生的某些现实能力和潜在能力，或者帮助和支持学生自我激发和强化某些现实能力和潜在能力，达到促进某些积极心理品质形成和发展的目的。在心理辅导中引导学生进行积极情绪和情感体验是帮助和支持学生自我激发和强化的主要途径。

二、加强高等院校生涯管理工作

大学生心理健康与大学生生涯规划能力有着密切关系，二者互相影响、互相促进。高等院校生涯管理工作还须进一步加强，大学生的生涯规划能力还有待进一步提升。面对大学生心理健康发展的需要，高等院校生涯管理工作不仅要确立正确的工作指导思想和原则，还要创新和拓展生涯管理的途径。

（一）确立正确的工作指导思想

纵观当代社会人力资源需求趋向，高等院校生涯管理的实质就是对学生能力的培养和训练，主要任务和核心目标是培养和提升大学生的生涯规划能力。强化高等院校生涯管理工作，要积极吸取中国传统文化精髓，充分体现马克思主义关于人的全面发展的观点，树立全程化、全方位开展生涯管理的思想。因此，构建高等院校生涯管理体系要坚持四个原则。

坚持学习借鉴国外先进理念与吸取我国传统文化中的朴素思想相结合的原则。国外生涯发展理论引入我国已多年，学者们在本土化研究方面确实取得了一些成绩，但是面对当前经济结构调整的特殊时期和大学生就业的复杂形势，已经取得的成果在解决大学生生涯发展问题中的效果不尽如人意，如何建立中国的生涯管理教育体系再次引起人们的深思。因此，只有将学习借鉴国外先进理念与吸取我国传统文化中的朴素思想相结合，才能构建本土化的高等院校生涯管理理论，开展适合中国大学生的生涯管理工作。这主要体现在五个方面：一是德为才之先，在生涯规划与管理上，大学生的成"人"首先是道德品质成人，精神信仰成人；二是在大学生个人生涯规划中要体现出人与环境和谐统一的思想；三是引导学生在生涯规划过程中坚持把个体价值的实现与社会价值的实现相结合；四是引导学生辩证地看待失利，使其认识到人生不能总想试图站在最高峰，要知退让、懂权变；五是将生涯管理与人生观和价值观教育结合起来，发挥传统教育作用。

坚持社会需要与个人发展相统一的原则。高等教育具有社会服务功能与个体发展功能，应把满足社会的需要与满足个体发展的需要有机结合起来。社会服务功能主要包括服务和服从国家社会主义建设中经济发展的需要、民主政治建设的需要和文化发展的需要等；个体发展功能主要包括个人成长的需要、个人职业发展的需要等。高等教育具有的这些功能是客观存在的，但人们对其价值的判断则会因为客观条件和主观认识的不同而存在差异。例如，一些高等院校曾经一度将生涯管理简单理解为"辅导学生如何找一份理想工作""教育学生如何为社会服务"等，导致学校生涯管理工作功利主义思想泛滥，忽视了受教育者个性化发展。我们要从过去的错误中吸取教训，在生涯管理中引导学生将个体发展与国家和社会发展需求相结合，既要关照个体个性化发展，又要发挥社会主流价值观在生涯管理中的导向作用，要避免学生过度关注当下利益。在高等院校生涯管理活动中只有把社会需要与个人发展相统一，实现组织与个人双赢，才能保证生涯教育效果。

坚持全程与阶段、全面与重点相结合的原则。高等院校生涯管理的内容十分广泛，其关注的是大学生在校期间和毕业以后个人所拥有的所有职位和角色。因此，高等院校生涯管理是贯穿大学生培养教育全过程的系统辅导体系，必须从其成长发展的客观规律出发，根据其不同阶段心理活动特征和生涯发展特点，制定出相应的辅导目标，开展相应的辅导工作，循循善诱、循序渐进地引导和帮助大学生管理和规划自己的大学生涯。在高等院校生涯管理工作中高等院校既要制定针对每个群体的全程辅导目标，又要设计他们在校期间每个阶段的目标；既要广泛开展涉及生涯发展各方面的生涯辅导，又要针对不同阶段的需要开展重点辅导。高等院校只有坚持全程与阶段、全面与重点结合的原则开展工作才能够真正实现生涯管理目标。

坚持整体辅导与个别指导相结合的原则。大学生生涯发展既有群体共性问题也存在个体个性差异。因此，高等院校生涯管理既要有针对共性问题的辅导，又要有针对群体或个体差异的分类别或个别的指导。在具体实施过程中，对于大学生群体普遍存在的生涯发展问题适宜整体辅导，如采取课堂讲授、专题讲座、主题班会等形式；对于大学生个体具体生涯发展问题，除进行集体辅导外，还应该注重个体辅导工作，尊重个体差异。个别辅导应该做到具体分析个体的个性特点，有针对性地进行研究和辅导，指导学生发展显能、开发潜能，引导学生发现自己的最佳发展领域，使每一个学生都能在这些领域得到最优发展。

（二）拓展高等院校生涯管理实施的途径

生涯管理实施途径和工作方式过于单一是造成当前我国高等院校生涯教育成效甚微的主要原因之一。因此，高等院校要通过建立生涯发展课程体系、校园文化建设、专门指导和咨询服务、开发校友资源等多种途径开展生涯教育，发挥综合作用，以达到最佳效果。

1.生涯发展规划指导课程

开设大学生生涯发展规划指导课程的目的是指导大学生学习生涯规划知识与技能，引导大学生明确自身未来生涯发展方向，帮助大学生设计与规划人生发展道路。当前我国大学生生涯发展规划指导课程的主要任务有五个方面。

第一，正确认识自我的教育。高等院校生涯发展规划指导课程主要介绍自我探索的理论与方法，引导学生深入了解自己的能力及能力倾向、兴趣、个性特点等情况，客观分析、认知自身人生价值取向、职业价值观、生涯发展方向等。学生自我认知与学校、教师、同学等外在评价相结合的方式，可以帮助大学生客观、全面地认识自己。学生开展生涯探索的基础来自其对自我状况和个人价值观的深入了解。因此，自我认知教育是生涯发展规划指导课程的基础内容。

第二，生涯规划意识培养和生涯规划知识教育。大学生是生涯规划的主体，其生涯规划意识是他们进行生涯规划的前提，只有充分调动其内在规划需要才有可能产生自我规划的动机。因此，高等院校生涯管理的首要任务是培养大学生的生涯规划意识。生涯规划知识教育主要是让学生了解生涯规划的基本理论知识，了解各种职业的基本特征和发展趋势，使学生掌握生涯规划内涵、特性、遵循原则和影响因素，掌握开展生涯规划的基本步骤与方法，为探索科学的生涯发展途径奠定理论基础。

第三，生涯抉择能力的培养。大学生生涯抉择能力在整个大学生生涯规划中起到承上启下的作用，是高等院校生涯发展规划指导课程关注的重要内容。生涯发展规划指导课程要指导学生了解生活中各种可能面临的选择，面对决策情境能收集、运用已有资料，权衡各种选择之间的利弊进行生涯抉择，包括职业类别、生涯路线、目标、行动措施等抉择。

第四，职业环境的认知教育及职业素质与适应力的培养。生涯发展规划指导课程要引导和帮助大学生尽可能全面、深入地了解当前的社会环境与职业世界，使其熟悉所学专业涉及职业的发展环境，尤其是未来该职业的胜任能力要求、组织发展战略及经济、政治、文化环境等，使其在知己知彼的基础上，增强规划的针对性和有效性。生涯发展规划指导课程还要进行职业劳动素质、职业道德、身心素质等职业素质的培养，引导大学生既志存高远又夯实基础，具备良好的职业适应能力。

第五，培养大学生开发自身潜能的能力。开发潜能意识的教育与培训是高等院校生涯发展规划指导课程的重要内容。有心理学家指出，多数人一生只有 4% 的能力发挥出来，剩余 96% 的能力还未开发。因此，在生涯发展规划指导课程讲授中教师要给予每个学生充分展示的机会，通过施展才能，使其认识到他自身具有的巨大潜能。这种潜能会存在于各种活动中，潜能的开发对人的成功具有很大作用，一定程度上决定着生涯目标能否实现。同时，教师还要培养学生在生涯发展过程中发现并发掘个人潜能的能力，使学生能够自觉开发自身潜能。

2. 校园文化活动

高等院校校园文化活动的内容十分广泛，它通过内容丰富、形式各样的活动对大学生价值观念、道德情操、思想内涵和行为模式的形成与发展发挥着重要的影响。因此，开展丰富多彩的校园文化活动，是高等院校实施生涯辅导和影响的重要途径。就生涯管理来看，开展校园文化活动的形式主要有班会活动、社团活动、社会实践活动等。

第一，班会活动。班会活动是大学校园文化活动的基本方式，也是大学生自我教育的重要阵地，它不仅具有教育功能，还具有娱乐等功能。班会活动是大学生创新活动的乐园，主要包括模拟表演、分组竞赛、相互咨询、专题报告、节日纪念、现场体验、经验交流、专题辩论、实话实说、总结归纳等形式。它能够吸引广大学生积极参与，调动学生的积极性和创新性。例如，体验式情境培训已经成为班级生涯指导的一种创新形式，受到大学生的欢迎。体验式情境培训是近年来一些高等院校主题班会开展生涯指导的创新形式，是大学生通过设计职业生活动模型和模拟职业活动获得新的知识、工作技能、工作态度的方法。教育心理学相关研究表明，体验式情境培训给学生带来的知识掌握程度远远超过传统意义上的教学活动。体验式情境培训包括情景活动、角色扮演等方面，让学生能通过亲身体验在较短时间内获得最多的经验。

第二，社团活动。学生社团是自发的有特定活动内容的学生组织，它们自我管理、自我服务，受学校团组织的统一监管。高等院校社团活动是参与人数最多、活动范围最广、内容最丰富的学生校园活动，有效地活跃了大学生活，深受广大学生的青睐，已成为大学生展示自己才华的重要载体和校园文化的主力军。高等院校应将生涯辅导的有关因素有机融入学生社团活动，通过营造生涯发展氛围，发挥社团活动在大学生生涯教育中的载体作用。社团活动对大学生的全面发展有多方面的意义，综合来看主要有三点：其一，学生可在社团学到人际关系技巧与领导技巧，并能够有机会展露自己的才能，这些有助于其日后的职业生涯发展；其二，参与各种活动与人际交往有助于学生了解自己、确立志向、实现自我发展；其三，参与各种有趣的活动可使学生得到情绪的释放与满足。通过社团活动这种无压力的形式来进行生涯教育，无疑会让学生感觉更为从容自如。研究表明，参与社团时投入越多、贡献越大者，其学习和成长收获越丰厚。因此，高等院校应鼓励大学生积极参加学生社团，以提升自身发展能力。

第三，社会实践活动。社会实践活动有利于培养和提高大学生实践能力和职业技能。大学生在社会实践活动中既磨炼了意志、锻炼了能力、了解了社会，又能对所学专业应用前景以及与理想职业匹配情况有一个感性认识，促进其积极构建与理想职业需求相符的能力结构、知识结构。在实践活动过程中，大学生既可以体验和感悟职业岗位需求变化对职业能力的影响，根据变化适时调整职业生涯发展计划和职业生涯目标，还能够了解当下人才市场对基本职业能力和基本职业素质的要求，明确努力方向，增强行业关注度和敏感度。因此，高校要充分利用各种资源搭建实践锻炼平台，为大学生创造更多接触社会、了解社会、锻炼能力的机会，如开展大学生志愿者活动、"三下乡"活动、社区咨询服务活动等有明确目标的社会服务性实践活动。

3.开展生涯规划咨询

生涯咨询是高等院校为了满足大学生生涯发展需要组织开展的一种由专业人员参与的咨询指导服务。目的是帮助学生提高自我认知能力和自助能力，指导学生求职，帮助学生做出生涯决策，最终促进学生的职业成功与生涯发展。

第一，建立咨询室，开通咨询热线。建立生涯规划咨询室，开通生涯咨询热线，为学生提供生涯规划辅导服务是高等院校生涯管理的工作形式之一。高等院校的生涯规划咨询应包含生涯发展咨询和心理咨询，由经验丰富的专业咨询人员从事这项工作。生涯发展咨询则以发展心理学、成功心理学、人力资源管理学为理论基础，开展生涯发展与规划的咨询服务。生涯发展咨询的形式主要有面对面个别咨询、团体咨询和电话咨询。

第二，建立生涯资料袋。通过为学生建立生涯资料袋，为其生涯规划和发展提供帮助与指导，是高等院校生涯管理工作的基本任务之一。其主要是利用人格测验、能力测验、职业兴趣测验等专业测量工具定期为大学生开展测量服务，帮助大学生进一步了解自己的职业兴趣、能力倾向、个性特征、社会态度等个性特点，并整理这些信息资料，建立个人生涯资料袋，为将来学生了解自己和指导教师研究指导学生做参考。高等院校一般在大一和大三分两次定期开展专业心理测试，第一次心理测验是为了了解学生基本状况，第二次心理测验是为学生职业选择提供参考。学生在校期间，其生涯资料袋应不断丰富，高等院校应将学生参与职业辅导、参加职业活动及能够反映个体职业心理发展特征的资料均保留下来，以便为将来帮助学生进行职业选择提供依据。

4.开发校友资源

校友是学校的一笔宝贵财富。他们不仅传承着学校的历史文化，更有着丰富的社会阅历、生涯发展经验和优秀的社会资源。邀请事业、学业有成的校友与学生交流，向同学们传授经验，能够发挥其榜样和示范作用，激发学生的探索欲望和创新意识，有利于引导学生积极主动借鉴校友的成功经验，科学合理地规划职业定位，纠偏避误，扬长避短，更好地适应社会发展需求。

三、构建积极人际支持机制

从调查数据看，在对大学生心理健康具有重要影响作用的十个因素中人际支持因素排在第一位，来自家庭的、同学的和知心朋友的信任、帮助、理解、关心等对大学生心理健康的影响最为明显。因此，在大学生教育管理过程中积极构建来自家庭和同龄人的人际支持机制就显得非常重要。

（一）建立促进家庭支持的沟通机制

对大学生心理健康影响因素调查分析显示："从家庭成员中得到理解、支持和帮助"一项影响力得分最高，这说明来自家庭的影响和支持对大学生心理健康发展有着重要影响。许多学者的研究也表明，来自父母的理解与支持对于大学生人际信任、乐观品质、韧性品质、主观幸福感等都有显著影响。家庭是大学生十几年以来成长生活的地方，大学生与家庭成员有着深厚的感情和不可替代的信任感，大学生无论是经济上还是心理上都与家庭保持着密切联系，在大学生心理健康发展中家庭应该发挥其必不可少的作用。因此，高等院校积极促进学生家庭成员对大学生的理解和支持，也是大学生心理健康教育不可或缺的重要举措。

通过适当方式让家庭成员了解学校和学生。在信息技术发达的今天，距离已经不再成为沟通的障碍。学校可以通过学院网站专栏、QQ群、微信等方式，与学生家庭建立联系通道，定期把学生所在学院或专业的教学、科研、学生工作等进展情况，学生积极参与上述工作取得业绩情况以及学科发展情况和专业的社会需求情况反馈给学生家庭，让家庭成员了解学生的学习生活状况，了解学生未来职业发展情况以及学生将会面临的各种挑战等，以增强家庭成员对大学校园生活和未来发展的全面了解，促进家庭成员对学生的理解、关怀与支持。

定期开展不同形式的家长论坛。大学生来自五湖四海，学生家长的受教育程度、生活经历、认识问题的角度、子女教养方式等都存在着很大差别，他们对高等教育认识和了解程度差异很大，对大学生的成长与发展的关注程度和层次差异也很大，面对这样一种现状，学校与家庭之间如果只有单向的信息交流，收效不会显著。学校还必须通过多种途径和多种形式与学生家庭成员进行交流互动。一方面调动家庭成员关注学校教育、关注学生成长的主动性；另一方面，深入了解学生与家庭成员的沟通联系状况，引导家庭成员给予大学生更多的理解、支持和帮助。具体途径和方式包括举行网上视频论坛、召开年度部分家长见面会，利用寒暑假进行家庭走访等。

开展针对家长的专项教育咨询服务。由于不同学生家庭成员的整体素质水平不同、经历不同、家庭情况不同，学生与家庭成员的沟通情况也不尽相同，得到家庭成员的理解、支持和帮助的程度也会不相同。学生遇到问题可以到学校的专门咨询机构来寻求帮助。但是，单项解决问题的效果会大打折扣。因此，学校要开展家长专项咨询服务，由专门的工作人员和辅导员或学生任课教师来参与服务，为那些与学生交流出现问题的家长提供帮助，帮助其与学生重建较好的沟通，达到互相理解，使学生能够感受到来自家庭的温暖。

（二）引导学生群体开展互助活动

大学生群体年龄相仿、生理与心理发展特征相近，在学校朝夕相处，相互之间沟通和帮助便利，也更容易相互接受和理解。因此，引导学生开展互助活动，有利于大学生获得人际支持，增强自信心，促进自我接纳。同学之间的互助主要包括学习与生活方面的互助和心理互助。

指导学生组织开展面向广大学生的志愿服务。目前，高等院校学生群体中的学生组织（这里指正式组织）主要有党组织、团组织、学生会、班委会及各种社团，这些学生组织在配合学校管理、丰富校园文化生活及开展社会志愿服务方面发挥着积极作用。但是这些志愿服务的内容主要是对社会弱势群体的帮困活动，对本校内同学之间开展的志愿服务活动普遍关注较少。因此，学校应该积极引导校内的学生组织在同学之间开展志愿服务活动，同学之间的志愿服务活动有别于针对社会开展的志愿服务活动，体现为一种群体内的互助。主要包括四个方面：一是在生活适应方面的帮助，主要体现为对各种生活不适应同学的帮助；二是在学习方面的帮助，主要体现为对那些专业学习确实有困难学生的帮助；三是家庭生活方面的帮助，主要体现为对家庭有后顾之忧或者是经济困难学生的帮助；四是职业发展方面的帮助，主要体现为对那些自我规划能力不足、择业与就业困难学生的帮助。

组织开展学生心理互助活动。学校组织大学生开展心理互助活动主要可以通过"隐蔽式"心理互助和朋辈心理互助的方式开展。"隐蔽式"的心理互助活动主要是通过学生之间匿名沟通的方式，告诉别人自己在心理上存在的某些障碍，以获得大家共同帮助的方式。"隐蔽式"的心理互助活动可通过如下步骤来实现：第一步，学生以匿名的方式写下自己心理上的困惑和烦恼，由年级或者是班级几位同学进行收集和整理，这种方式可以消除学生对隐私泄露的担忧和顾虑；第二步，将收集整理的咨询信件以随机分发方式再发给每一位参与者，这样每位参与者都可以收到一封他人的咨询信，根据咨询信上的困惑，通过自己的理解写下自己的建议；第三步，将同学们写好建议之后的信根据每位同学对应的代号反馈给每一位同学；第四步，对反馈回来的各种建议进行归纳总结，提炼出比较典型的案例，然后组织小组讨论这些案例，以提高每位参与者对这些问题的认识和把握。朋辈心理互助是指同龄人之间进行的心理辅导，具体做法是：学校面向学生群体招募朋辈辅导员，学生自愿报名参加，对招募进来的符合基本要求的志愿者进行系统专业培训。经考核合格后，这些志愿者根据自己所掌握的专业知识为需要帮助的学生提供一些专业性的建议或指导，使受助者开阔思维、缓解压力，助力其摆脱心理困境。

第四节　提升高等院校教育管理主体素质

在大学生教育管理过程中教育主体主要体现为高等院校辅导员和高等院校任课教师，两者是教育主体中与大学生关系最密切、影响力最大的两个群体。调查结果显示，教育管理主体素质和教师的人格魅力都是影响大学生心理健康的重要因素。

一、提升教育管理主体队伍的整体素质

一名优秀的教育管理工作者不仅是学生思想上的领航者、学习上的导师、品德行为上的典范，更应是学生生活中可信赖的知心朋友。因此，教育管理主体队伍整体素质对大学生的成长发展有着极其重要的影响。教育管理主体素质对大学生全面健康有显著影

响。就大学生来讲，高等院校要重点培养教育管理主体良好的道德品质和性格特征、强烈的责任感和敬业精神、较强的业务理论水平和较强的沟通协调能力。

（一）建立准入机制

高等院校要摈弃"将辅导员工作视作一般行政管理工作"和教育管理工作者选拔唯学历的错误观念，建立教育管理主体职业准入机制和退出机制，设立科学规范的甄选制度，严把人员入口关；严格遵循《普通高等院校辅导员队伍建设规定》提出的"政治强、业务精、纪律严、作风正"的标准，真正地把那些政治信仰坚定、热爱学生工作、事业心强、人格魅力突出、责任感强的优秀教育者选聘为辅导员。教育管理主体选拔过程中要加强考察环节的工作，要通过走访了解、查阅档案、心理测试等一系列方式，重点加强对备选对象政治觉悟、道德品质、性格特征的考察，要建立试用期，在实际工作中进行考察，严把教育管理主体的准入关。

（二）创新教育管理主体工作评价机制

一方面，要将"单一评价"转变为"多元评价"。目前，高等院校普遍建立了教育管理主体年度考核办法和考核指标体系，每年度考核一次，主要由学校负责学生工作的职能部门根据指标体系进行量化评价，评价主体相对单一。实践证明这种评价方式不能体现教育管理主体的个性发展需要，不能带来很好的激励效果，因此应该实施更加多元化的评价，将广大学生、任课教师、家长代表的意见引入教育管理主体工作评价中来，拓展评价主体，通过多方参与，使对教育管理主体的综合评价更加客观。另一方面，要将"目标性评价"转变为"形成性评价"。高等院校要改变传统的"年底考核一锤定音"的方式，强调分阶段考核、过程性考核；要为每个教育管理主体建立素质能力成长评价档案，记录教育管理主体工作中的点点滴滴，以及素质和能力培养中存在的问题，督促并及时加以改进。

（三）给予教育管理主体人文关怀

高等院校要加强对教育管理主体群体的人文关怀，将人文关怀作为高等院校教育管理主体综合素质培养的"催化剂"。从"双因素"激励理论来看，在日常工作中，高等院校不但要满足教育管理主体的"物质激励因素"，更要满足教育管理主体的"保健激励因素"和"发展性激励因素"。学校管理层要进一步强化针对教育管理主体这一群体的政治关心、业务关心、发展关心和生活关心，从业务提升、职级晋升、实践锻炼和文化生活等多方面给予关怀和支持，增强教育管理主体自身对职业角色的认同感。

二、提升教师人格魅力

教师人格魅力是建立良好师生关系的基础，良好的师生关系又是学生获得人际支持的重要资源。教师人格魅力是教师在教学活动中表现出来的，能够吸引学生积极参与教学活动，并对教师产生敬佩感、亲近感的一种感召力量。教师人格魅力所产生的感召力，能增强其对学生的情感吸引力，使学生心悦诚服地认同教师的观点、思想和行为，提升学生对其所教授课程或专业知识的兴趣和喜爱度，增强教育教学效果，有助于学生自信心、主观幸福感的提升。教师的人格魅力对大学生有显著影响，从促进大学生健康全面发展的视角审视，高等院校应从以下方面引导教师树立人格魅力。

（一）树立正确的教育理念

教师的教育理念是教师在教育教学实践和文化积淀与交流中形成的个人关于教育价值与教育方式的认知与追求，表现为一种具有相对稳定性、可持续性和指向性的教育观念体系。教育教学行为是教育理念在教育实践活动中的外在表现形式，在与学生的互动中起着激励、唤醒、鼓舞学生，促进学生的思想、行为、情感产生积极变化的作用。教师的使命不仅包括传承文化、授业解惑，更包括人格培养、明道正志，教师日常表现出来的理想信念、人生态度、价值取向、道德修养、治学方法、言行举止等对大学生世界观、价值观的形成和性格的养成都产生着潜移默化的影响，有的甚至影响大学生一生的发展。因此，高等院校教师应通过自身的高尚品德、宽广胸怀、严谨学风、真诚态度、健康心理品质、良好行为习惯等开启学生的智慧，滋润学生心灵，传承社会文明，引导学生树立正确的人生信念，进而对学生的道德品质和心理品质产生积极影响。

（二）增强关心爱护学生的意识

教育活动首先是一种师生之间的互动活动，是通过教师与学生之间思想、语言、行为等方面的互动交流，对学生思想和行为产生影响并引起变化的过程。现代意义上的师生关系是一种平等交流、相互尊重的关系，教师在教育过程中只有常怀关爱之心、尽责之志，才能真正尽到教师的责任，提升个人对学生的影响力，达到理想的教育效果。课堂教学不只是教师讲授这一个要素，它还包括引导启发和互相关爱等方面。教师在教学中平等地对待每一个学生，尊重学生在互动中的主体地位，学生就能感受到自己在教师心目中和教学活动中的价值和重要性，认识到自己的主体作用，进而产生参与互动的热情和主动性。教师对学生的尊重与关爱不仅体现在每一次教学活动中，还能延伸到教学活动之外，主动与学生分享求学经历、人生理想，鼓励学生勇敢面对挫折和挑战，在探索未知世界的过程中与学生建立情感联系。曾任清华大学校长的梅贻琦这样描述师生关系："师生犹鱼也，其行动犹游泳也，大鱼前导，小鱼尾随，是从游也。从游既久，其濡染观摩之效自不求而至，不为而成。"

（三）提升个人的学术素养

所有高等院校教师在职业生涯中都应该始终把自己当作知识的学习者、科学规律的探究者，将学术研究活动当作是教师职业的必修课贯穿教师的整个职业生涯。高等院校教师只有自己爱好学习、善于钻研、勤于探索，才能引导学生端正学习态度，养成良好的学术思维和习惯。所以，潜心学术研究，广泛涉猎学科领域知识，积极关注学科发展前沿问题，不断发表研究成果等既应是高等院校教师的学术志趣，也应是高等院校教师培养人才的必备条件。作为一名高等院校教师，只有经常从事科研实践才有可能将学科前沿成果引入课程教学，引导学生从多学科和跨学科的视角分析复杂问题，引导学生掌握科学研究方法，鼓励学生质疑书本，开拓知识边界，激发学生的求知欲和探究欲。高等院校教师在教学中扮演着知识传授者与开发者的双重角色，在教学活动中不仅要传递书本知识，还需要传递自己通过科学研究发现的新知识，并建立知识与当前现实问题的联系。因此，教师的学术素养间接地影响了所教授课程的质量，决定了课堂教学内容的前沿性和创新程度。中国当代著名教育家张楚廷曾说："学识水平（或学术水平）与教学水平是教师业务能力的两翼，须两方面同时提高自己。我们的教学艺术是靠这两翼齐飞而翻翔的。"

（四）掌握教育教学行为艺术

教学活动不是靠热情就能做好的事情，它既包含着一定的科学规律，又体现着行为艺术。在教学活动中，教师只有认真研究并遵循学生的认知规律，按照学科知识特点，科学安排教学内容，合理分配教学时数，课内课外有机结合，做到理论联系实际，将专业知识传授、行为能力培养、心理素质与道德品质培育巧妙融于一体，并通过恰当方式向学生传递，才能做到"授之以渔而非授之以鱼"。教育教学行为就是师生之间思想、语言、行为沟通交流的艺术，需要教师根据学生对讲授内容的理解程度和反馈情况，灵活运用启发式、讨论式、探索式、研究式、案例式等教学方法，调动学生的学习积极性，激发学生的兴趣点和求知欲，引导学生独立思考，培养学生的创新思维能力。

第五节　激发学生个体的主体自觉性

一、积极推进大学生的自我教育

加强自我教育，是青年大学生完善自我个性的有效途径。最佳的自我教育应以社会发展的必然规律为准绳，正确地对待自我，不断地完善自我。

（一）正确地认识自我

自知、自鉴是自励、自勉、自控的基础。古人云："人贵有自知之明。"这说明正确认识自己是相当困难的。正确认识自己的困难性表现在以下两个方面：一方面，在于人对自己的心理，常常不能像测量自己的血压、身高那样有一个客观的尺度，即使借助于心理测量，一般人也难以掌握；另一方面，在于人对自己的认识往往缺乏一定的积极性和坚持性。因此，"当局者迷"的情况也就很容易发生。想要正确地认识自我，可以从以下几方面入手。

第一，应当学会正确地认识社会，认识人生。自我观念是具有社会定向意义的，如果一个大学生不熟悉社会生活，不懂得社会发展的客观规律，就不能了解人生的意义，因而在评价自我的时候，就找不到合适的社会尺度，甚至会以消极的尺度去度量自我，就可能做出错误的评价。因此，大学生应当学会用马克思主义的观点去考察社会与人生，学会用历史唯物主义的观点来评量自己。

第二，要积极参加社会实践和社交活动。个人对自己的认识，是借助于一定的参照系而实现的。积极参加社会实践和社交活动，有助于个人找到正确的参照系来认识自己。这方面的参照系主要有：

1. 社会上其他的人，特别是与自己的条件相类似的人；

2. 社会上其他人对自己的态度；

3. 自己活动成果的社会效应。

对自己的认识也就是对自己的反思，但其信息却源于客观现实，是大脑对各种信息进行加工的结果。这些信息只有通过交往和活动才能够获得，通过活动才能得到反馈信息。当然，不能说参加了活动和交往，就一定能够正确地认识自己，这里的关键是会不会将获得的信息进行分析、综合和比较。例如，是否善于进行各种方式的比较：既进行纵向比较——将"现实的我"与"以往的我""理想的我"做比较，也进行横向比较——和各种人做比较；既和比自己优秀的和相似的人做比较，也与比自己稍差的人做比较。这样，才能比较客观、全面地认识自我。

第三，要经常反省自己。虽然个人认识自己的信息来源之一是他人的行为态度和自己的活动成果，但个人对自己的观察与思考也是自我认识的一个重要方面。他人对自我的评价不等于自己对自我的评价，两者往往存在着相当大的差距。这里既有认识方面的原因，又有动机方面的原因，即是否勇于和善于将自己作为一个认识的对象，是一个重要的原因。

因此，要正确认识自我，还必须经常自我反省，对自己做一分为二的分析，要严于解剖自我，敢于批评自我。

（二）正确地对待自我

学会正确地对待自我，包括两方面的含义。

一方面，要具备积极健康的自我情感体验。积极健康的自我体验是自我教育的内在动力，无此动力就无法将"现实的我"转化为"理想的我"。

积极健康的自我体验的核心成分是自尊感，具体来讲有以下几方面。

1. 在肯定性与否定性自我体验方面，应以肯定性自我体验为主。如比较喜欢自己，有自豪感、成功感、顺心感、愉快感等。

2. 在积极与消极性自我体验方面，应以积极性自我体验为主。如开朗、乐观，对生活感到温暖，对未来充满懂憬。

3. 在紧张与轻松的自我体验方面，应保持适度紧张和适度轻松。

4. 在敏感性自我体验方面，应保持一定敏感，然而又不过分敏感，从而能够做到冷静地、理智地，而不是冲动地对待自己的得与失，积极地充满信心地认识自己的长处与短处，以愉快的心情接受自己的短处，发扬自己的长处，满怀希望地懂憬自己的未来。既不以虚幻的自我补偿内心的空虚，又不消极回避、漠视自己的现实，更不以哀怨、忧愁以至于厌恶来否定自己。

积极健康的自我体验，取决于一个青年的远大理想。正如我国近代著名音乐家冼星海所说："每个人在他生活中都经历过不幸和痛苦。有些人在苦难中只想到自己，他就悲观、消极、发出绝望的哀号，有些人在苦难中还想到别人，想到集体，想到祖先和子孙，想到祖国和全人类，他就得到乐观和自信。"远大的理想激励着我们去拼搏，战胜消极的情绪，增强挫折的容忍力。

另一方面，要进行积极的有效的自我控制。自我控制是主动定向地改造自我的过程，也是个人对待自己态度的具体化过程。自我控制常常是通过内部语言而进行的，是主动改变"现实的我"以达到"理想的我"的过程。这一过程是否积极有效，大致取决于三个条件。

条件一：理想自我的正确性和适宜性。当代的大学生都应该有理想、有道德、有文化、有纪律，热爱社会主义祖国和社会主义事业，具有为国家富强和人民富裕而艰苦奋斗的献身精神；都应该不断追求新知，具有实事求是、独立思考、勇于创造的科学精神。这是"理想的我"的正确性标准，应当在此基础上设计自我。而所谓理想自我的适宜性，是指要面对现实，从实际出发，确定自己的具体奋斗目标，把远大的理想，分解成一个个远近高低不同的具体目标，从而由近到远、由低到高逐步加以实现。这里的关键在于小目标要适当、合理，即每一个小目标不是轻而易举就可以达到，而是需要努力才能够达到的，以免失去信心。

条件二：对实现目标的坚持性。对自我的监督与修正，也与人改造客观世界一样，需要以意志的力量作为保证的条件，如对目标认识的自觉性、主动性（不是模糊的、外加的），对实现目标的决心和克服困难的能力（不是只在一帆风顺时才能坚持目标），对成功的正确态度和对失败与挫折的容忍力。大学生的这些心理素质处于发展之中，因此要特别注意增强自我控制的自觉性、主动性，将社会的需要转化为主观上实现"理想的我"的内在动机，增加自信心和坚持性，准备为目标的实现做反复不断的努力，增强自制力，防止消极情绪对自我控制过程的干扰。

条件三：自尊自爱之心，这是自我控制的激励因素。苏联著名教育实践家苏霍姆林斯基说："要让每一个学生都抬起头来走路。大学生都应该能感到自己是对社会有用的人、有希望的人、能成功的人，周围的教师、同学、家长、集体都喜欢他、需要他、肯定他，他也需要别人，需要为大家、为人民付出一切，需要成功。这就会使他为改变'现实的我'而更加努力。"

总之，有效的自我控制，一是要有积极的目标作为努力的方向，二是要有坚强的意志作为保证，三是要有健康的情感作为激励的动力。

（三）完善自我的方法

要提高大学生的自我教育效果，除了以党的教育方针正确地认识自我，正确地对待自我之外，还要解决好完善自我的方法和途径。只有目标正确，方法对头，态度坚决，才能使自我教育不断获得提高。积极参加到人民群众的实践中去进行修养，这就从根本上坚持了实践是认识的基础这一辩证唯物主义的认识论原理，使个性修养具有正确的理论指导，从而能够按照共产主义道德的原则和规范为自我教育提供正确的途径和方法。因此，对于完善自我的方法，大学生应注意以下几点：

1. 要努力学习和掌握马克思主义理论和现代科学文化知识，积极投身于建设社会主义现代化祖国的实践。

2. 要发扬不怕任何困难、为祖国和人民顽强奋斗的献身精神。

3. 可采用各种行之有效的自我教育的具体方法。如记日记，以名人名言作为座右铭来分析自己、激励自己、提高自己等。

二、采取柔性管理，提高大学生的学习积极性和主动性

（一）学生管理中的柔性方法

基于柔性管理的理念，高等院校学生管理工作所体现的是"少一些管理，多一些教育与引导"的核心价值和方法论。学生管理以服务于人的成长为价值取向，是为教育服务并发挥着教育的功能。当前，高等院校柔性管理主要通过人文关怀、心理疏导、幸福观教育、榜样示范等方面进行。

1. 人文关怀

大学是文化的圣地，对大学生的管理主要应该是"以文化人"，即通过文化的熏陶、文化的教化等功能，引导大学生自由全面的发展。人文关怀的核心问题是了解并回应学

生的人文需要，从学生的内在需要出发并做好管理工作。在实践中，学生管理主要是通过营造良好的校园文化、关心学生的学习生活、关注学生的文化体验等手段进行的。在大学校园里，培养校园文化从某种角度上说就是培养学生本身。教育管理主体对学生的关怀要体现在学生的文化需要上，如"学生需要读些什么书？""学生需要听一些什么样的讲座？""学生的学习场所环境如何？"等这些都是我们要关心的。教育管理主体对学生在学校的学习生活事事关心是不对的，那是"保姆"对待幼儿的方法，但抓住人文关怀这个核心是必需的，而且是可以起到长远作用的。对于具体的学生管理工作而言，主要措施包括建立学生帮扶中心、学生党团之家、"新生适应学院"等。

2. 心理疏导

管理，从一定程度上讲就是对人的心理规范和引导，从而规范和引导人的行为，以达到一定的管理目的。在高等院校的学生管理中，关注学生心理健康发展是非常重要的。目前，大学生普遍存在或多或少的心理问题，这些问题主要体现在缺乏必要的心理知识、心理调节能力较差等方面。建立校、院（系）、班三级心理防护体系是一种很好的探索，也取得了较好的效果。但从学生管理的角度来看，高等院校主要是做学生情绪的疏导工作，促使其保持积极的心理状态，从而更好地投入学习与生活中去。需要进行疏导的心理主要包括厌学情绪、攀比心理等。近些年来，心理咨询辅导得到了大多数高等院校的重视，如在大学生中开展心理咨询、服务与治理等，但积极心理学的运用却是很不够的。心理疏导的主要价值在于培养学生积极上进的心理状态、对大学生活的认同、对青春期的心理认知与认同。这方面的主要措施有群体心理辅导、谈心谈话、励志演讲等。

3. 幸福观教育

幸福问题是没有他因的，是人类的终极性问题。大学生对幸福的理解直接关系着大学生的健康成长和社会和谐。当今文化多元化的趋势越来越明显，西方文化对中国大学生的影响是比较大的，享乐主义、拜金主义的思潮侵袭着大学生的思想，树立正确的幸福观就显得越来越重要。幸福教育，主要就是树立马克思主义幸福观。马克思主义幸福观是以人的自由全面发展为旨趣，以人的动态与和谐幸福为核心内容的，即动态幸福观、和谐幸福观、人的自由而全面发展的幸福观。在大学生管理中，幸福观教育是起着基础性作用的，也是对大学生世界观、人生观教育的一个很好的切入口。做好幸福观教育，学生能更好地认识自我、认识幸福，从而有所追求又能很好地自我调节。当大学生能明显感受到自己处于幸福状态时，学生管理工作是最容易推进的，也是最有效的。如何推进大学生幸福观教育，目前所探索的方法有幸福理论学习、幸福案例分析、幸福分享主题班会等。

4. 榜样示范

教育与管理有着一个共同的本质就是引导人向善，但向善并不只是告诉别人善是什么或者告诉别人向善的方法，而是要通过人们的实践起到一定的社会作用，从而让越来越多的人加入其中，即"走好自己的路，让越来越多的人跟着你走"。大学生管理工作的一个重要目的就是引导学生求真、向善、趋美，那么该如何做到呢？看一个教师是否优秀，重要的是看他如何教，但更重要的是看他如何做，榜样的力量是巨大的，发挥学生管理者的模范作用，有利于学生管理的长效性并真正地起到教育和管理的作用。一流的教师是榜样，二流的教师是教练，三流的教师是保姆。基于这样的基本认识，作为大学教师的教育工作者，应该"避免做保姆，适当做教练，全力做榜样"。在身教重于言传方面，主要是要做学生的道德典范、学习知识的典范、为人处世的典范。这就是从教师作为学生的榜样的角度来说的。另一方面则是要通过社会上的学习和道德先进的案例来引导学生，更重要的是在学生内部挖掘并树立好的榜样示范，使他们成为学生学习的标杆，从而凝聚学生学习的方向性。

（二）学生管理柔性化的现实意义

在现代社会，人们似乎认为管理就是以一些刚性的规则使人服从，从而实现管理者的目的。但这样的管理思维并不是十全十美的，甚至会产生较大的反弹作用。近些年来，柔性管理的思想正在慢慢被越来越多的人研究并认同，特别是在非敌对关系的群体或组织管理中，更显出其力量。高等院校学生管理工作是加强和改进思想政治工作的重点领域，如何做好这方面工作，关系着国家的前途和命运。大学生是祖国的未来，社会主义现代化建设的接班人，对这部分人的管理，高等院校要充分认识到教育与引导的重要性，以社会主义核心价值体系为指导，践行社会主义核心价值观，以柔性管理的思想为基本思路，充分尊重学生的个性，引导学生自由全面发展。高等院校学生管理柔性化对和谐校园建设、培育良好社会心态和公民道德、促进人的自由全面发展等方面具有着重要的现实意义。

1. 有利于推进校园的和谐稳定

刚性管理犹如作用力与反作用力，通常作用力有多大，反弹的力就会有多大。大学生正处于逆反心理比较强的阶段，如果高等院校在学生管理中都是通过强硬的办法去规范学生，可能在短期内可以起到一定的效果，但终究是会反弹的。柔性管理可以减少学生的逆反心理，通过让学生认可的方式进行互动，从而有利于校园的和谐稳定。此外，校园的和谐稳定又会更进一步促进学生的理性平和心态的形成，从而形成一种良性的循环，即以柔性管理助校园和谐，以校园和谐推柔性管理。

2. 培养良好的社会心态和公民道德

大学生是或者说将是现代社会的中坚力量，这个群体是否有良好的心态直接影响着良好的社会心态的形成和整个社会的发展。道家学派创始人老子讲"上善若水"，人的本质或者说社会的本质是柔性的，但这种柔性可能会由于社会管理或管制而产生负面的力量。培养学生的良好心态，要求教育管理者本身有着良好的心态。同时，柔和理性的管理方法也是必需的。良好的社会心态的培养并不是一天就能完成的，需要不断地加以推动，只有做好每一个年级的学生的柔性教育与管理，才能最终实现。大学生的心态将成为社会心态的"风向标"。柔性管理还由于其基于道德治理的理念，以培育学生的基本道德原则和规范来推动具体的管理工作，从而对于大学生的公民道德的培育起到很好的德行推动作用。

3. 有助于人的自由全面发展

教育的最终归宿是实现人的自由全面发展，是解放人的思想和行为，而不是限制人的思想和行为。有人试图通过教育来规范和限制人的行为，但所起到的作用是很小的，甚至可以说是不可能的。大学生的管理工作，就是通过管理来引导学生的自我管理，从而丰富自身的知识、能力等，实现自身的全面发展。学生的自由、全面发展是对社会发展的巨大推动力，也是社会发展的力量之源。人的本质是追求自由的，人通常都不希望被管而希望管人，而这种愿望是不可能完全实现的，但是如何来趋向于既实现管理的目的又实现人的自由的结果呢？唯有柔性的教育和管理活动可能做到。

第六节　管教结合，促进大学生个性发展

高等院校肩负着人才培养、科学研究、社会服务、文化传承创新、国际交流合作的重要使命。高等教育应该培养什么样的人、如何培养人以及为谁培养人的人才培养方向，事关办什么样的大学、怎样办大学的根本问题，事关党对高等院校的领导，事关中国特色社会主义事业传承，是一项重大的政治任务和战略工程。作为中国共产党领导下的高等院校，要旗帜鲜明地坚持党的领导，贯彻党的教育方针，把高等教育发展方向与我国发展的现实目标和未来方向紧密联系在一起。

促进大学生个性发展是高等院校学生教育管理的基本目标和内在要求，加强对学生个性发展的培养，有利于高等院校和谐校园建设，有利于高等院校的可持续发展，也是高等院校培养全面发展的创新型人才的需要。高等院校学生教育管理要以生为本，关注、

尊重学生的个体特征，激励学生个性张扬促进学生的个性发展，从而提升高等院校学生教育管理的效能。

人才培养、科学研究、服务社会是高等院校的神圣使命和基本职能。教育管理是高等院校培养合格人才的主要支撑环节之一，有效性的教育管理不但有利于大学生身心健康发展，而且对大学生人生观、价值观的形成具有重要影响。大学生的个性发展培养是高等院校大学生教育工作的一部分，是提升大学生综合素质的重要环节，是实现人才培养的必要途径。将个性发展教育纳入高等院校教育体系，关爱大学生，尊重大学生，有利于构建大学生个性发展教育的多元模式，有利于形成启发学生自主性、积极性的良性教育模式。对学生个性发展的培养也是高等院校教育管理对大学生尊严、价值和命运的关切。一流大学要有自己的理念，这个理念应是以促进学生个性张扬，提升高等教育质量为前提条件的。

一、教育管理对大学生个性发展的"应然价值"

大学生是引人注目、具有突出时代特征的社会群体。每一个大学生都强调自己的独立性和重要性，"非主流"和"另类"也是不少大学生的追求，这些都影响着大学生的全面发展。高等院校教育管理为大学生的个性发展提供了保障依据，个性发展离不开教育管理的支撑。因此，高等院校要不断改进教育管理，帮助大学生树立正确的世界观、人生观和价值观。实现理想，实现自我价值，促进自身的个性发展，实现个体的全面发展。

（一）教育管理对培养大学生个性发展的历史性回顾

中国经历了原始社会、奴隶社会、封建社会、资本主义社会、社会主义社会的历史演变。社会发展源于生产力的推动，生产力不但推动着社会变革，而且推动着教育事业的发展。韩愈说："师者，所以传道授业解惑也。"但是传统的教育模式存在很大弊端，教条主义、本位理念深入教育者的思想。按部就班是传统教育的一大特点，虽然在特定社会发展时期对教育管理起到了一些积极推动作用，但是也影响了许多先进教育思想的引进。传统的教育思想多强调中属、仁义道德，不注重对个性张扬的培养，在一定程度上影响了学生的个性发展。知识是高等院校传承发展的第一生产力。传统的教育体制、传统的教育思想影响着高等院校的发展，这也是高等院校没有生命力、不能创新发展的深层次原因。改革开放以来，高等教育的发展日新月异，高等院校更加注重以学生主体性发展为中心的、开放性的教育模式。高等教育发展的历史经验证明，对大学生进行个性化教育，是提升高等教育质量的重要保障，是培养高质量、高素质人才的必由之路。在现代大学教育制度的引领下，教育管理呈现的是个性化的、主体性的、独立性的、人本化的多元管理模式。

（二）教育管理促进大学生个性发展的特色性

特色就是优势，特色就是实力，抓住了特色，就抓住了发展的机遇。高等院校学生教育管理就是要引导大学生个性发展，引导大学生去创造美好的理想生活。每个大学生都有自己的经历，都有自身的特色，这样就形成了大学生个体的个性特征；个性张扬是每个人的内在需求，大学生个体的个性发展希望得到社会、教师和同学的认可。曾经有西方教育家认为，每个学生都想成为一个有个性的人，他们内心深处的这种需要和认同，可以促使大学生形成正确的思想意识、正确的人生目标。个性发展是以学生自身为中心，全面、有效地实现个体成长，教育、引导学生走向人生双赢的必由之路。个性发展是大学生人生良性发展的必要条件。个性发展是教育体系发展模式中的一大特色。个性发展对大学生的人生发展影响甚远。"世界上没有两片相同的叶子"，人与人之间也是不相同的，都是独一无二的，每一个人都是绝版。个性作为大学生发展的代名词，是一代学子精神面貌的整体表现，也是反映个体具有一定倾向性的心理特征的总和。个性包括生活中的零零总总，如兴趣、世界观、人生观、价值观、动机、能力、气质、性格等，所以个性是一个内涵非常广泛的概念。在时代发展的激流中，人既有保守、依赖、顽固、软弱等消极的个性品质，也有开拓、独立、创新、坚强等积极的个性品质。学生的教育管理只有在尊重学生的个性化特色发展的理念下，才能培养出具有创新性的、开放性的、独立性的专门人才，才能为创造性人才营造优良的培育土壤与发展空间。

（三）教育管理中张扬大学生个性的发展性

大学生是教育管理的主要对象，也是教育管理的主体。教育管理的目的就是更好地培养全面发展的学生，把培养大学生的个性张扬作为高等教育的出发点和落脚点，充分发挥学生的主观能动性，在教育管理中激发大学生德智体美劳全面个性发展的潜质。现代教育管理中的大学生个性发展，应该充分展现大学生个体的独立意识、自我判断、社会行为、人际交往、组织技能等方面的个性心理特征，注重大学生个性心理品质在教育过程中发挥内在的动力机制，形成自我制定目标、自我设计、自我管理、自我实践与自我评价的符合自身发展的主体结构。教育管理中应该注重评价大学生在自我学习过程中所获得的知识、技能、能力与社会适应能力，注重大学生在原有基础上的进步与学习成果，注重对大学生在自我完善的基础上，乐于与他人合作、乐于奉献、乐于参与志愿活动等精神的培养，引领大学生在教育管理中全面发展，正确并及时地缓解学业、情感、就业、人际、社会竞争和外界环境刺激等方面带来的诸多压力，以此来提升自我发展的空间。

二、对现行教育管理中大学生个性发展教育的反思

从当前形势来看，高等院校发展面临着许多新问题和新挑战，在发展过程中出现的

一些薄弱环节，需要高等院校教育管理者结合时代的特征，在教育管理中高度重视、认真对待。

反思一：教育管理中对大学生个性发展的弱化重视不够。

一所重视学生个性发展的高等院校，一定是能把握学生主动性，重视学生全面发展的高等院校。当前，有的高等院校在"官本化""唯书化"教育模式的影响下，存在对大学生个性发展重视不够的现象。教育管理完全依赖传统的灌输式管理模式，开放性的教育理念还没有纳入课堂，指导管理认知与实践的水平偏低。以教师为中心的教学思想根深蒂固，在一定程度上抑制了大学生的个性发展。从专业教育管理层面上看，教师缺乏与学生之间零距离的交流，普遍存在一张考试卷决定师生关系的现象，一章节的多媒体课件拉大了师生距离，没有设疑、设计、讨论和争辩的课程教学偏多。在这种范式的专业教学下，大学生的个性只能呈现"弱化"趋势。从思想政治教育管理层面来看，一些高等院校以刚性的制度、以奖励与惩罚、以综合测评等代替人的管理。在这种教育管理模式下，大学生的个性发展只能受到压抑和限制。高等院校的教育管理对大学生个性发展采取的上述做法，显性或隐性地对大学生成长成才产生直接的或者间接的负面效应。因此，教育管理者只有重视对每位大学生的个性教育，才能真正地解决教育管理中大学生个性发展弱化的问题。

反思二：教育管理中对大学生个性发展的自主性的培育力度不够。

当代大学生具有较强的自我意识，追求自由，但是由于自身的阅历等影响着正确辨析事物的能力，缺乏较强的自我控制力，容易混是非，有时不能正确地把握自己的意识和行为，容易导致少数大学生道德观、价值观、生活行为等出现不尽如人意的地方。高等院校只有把教育管理落到实处，才能真正体现对学生个性发展的重视。当前，有的高等院校教育管理部门在转型发展中没有充分重视工作职能的转变，尤其是在履行强化服务学生职能过程中存在偏差，在执行相关制度与管理行为上存在普遍性的矛盾状态。例如，学生服务机构的形式化、虚设化，切实为学生提供服务和帮助的平台偏少，甚至存在以追求利润最大化为主要目标的服务范式。再如，在教育管理过程中，强制性教育、统一化教育、公式化教育的方式普遍盛行，缺乏重视大学生的自我管理、自我教育、自我服务作用的意识，导致学生主观能动性的匮乏，造成大学生个性发展的依赖性增加，自主性、独立性降低。由于大学生个性发展的自主性弱化，加之自我文明、规范、责任意识不强，大学生考试作弊、行为不文明、无节制上网、抽烟酗酒等不良行为和现象普遍存在。因此，重视对大学生个性发展自主性的培育，是教育管理的重要目标与主要任务。

反思三：教育管理与大学生个性发展的社会化存在矛盾。

大学生个性发展是高等院校办学特色形成的重要影响因素。大学生的个性发展培养路径是多元化的，高等院校由于受传统的教育管理影响，更多的是把学生当成温室里的花卉来培育，教育管理以安全为依据，提倡校园就是家的理念。从课程设置层面来看，绝大多数课程都是在学校课堂上讲授的，很少有课程是在企业、法院、博物馆以及与专业课程相对应的社会单位进行讲授的。从教育管理层面来看，一方面受高等院校地理位置影响，许多高等院校都建设了新校区，学生从事社会活动的时间和地点受到了限制，学生出校门就要用车，用车就要经费，因此，学生只能在校园里待着；另一方面，教育管理过程重视学生的学业，忽略学生的社会适应力，从而导致学生足不出校园。然而，现代基础教育改革对教师教育的专业化与职业化提出了新的标准与要求，大学生的综合素养将决定学生的职业定向和就业趋向，社会适应力是其中起决定性作用的因素之一。而现行的教育管理模式与强化大学生个性发展的社会性之间存在许多矛盾，解决这些矛盾的关键在于转变教育管理理念，采取切实措施，着力解决课程设置与教学管理的社会化问题。

三、教育管理中对大学生进行个性发展教育的路径

高等院校担负着为社会发展培养大批高素质人才的光荣使命，培养具有个性张扬和全面发展的人才是实现这一目标的重要保证。随着社会转型的深入，高等院校转型加快，高等院校办学规模不断扩大，已经形成了自身的教育管理模式。为实现培养目标，高等院校要确立"以人为本"的理念，以科学发展观为指导，推进教育管理的理念和体制的改革与创新。

路径一：发挥制度政策的导向作用，健全个性人才培养机制。

良好的创新制度能使高等院校更具有活力，同时也更能提高大学生的个性思维品质，促进大学生的个性发展。教育目的就是培养人才，良好的教育制度是实现人才培养的基础，思想政治教育要以基本道德教育为基础，深入进行品德意识、行为规范等教育。高等院校人才培养制度的更新不仅能改造教育者和被教育者的主观世界，也能改造客观世界。完善的政策保障能给学生提供畅所欲言的空间，同时使学生勇于创新、敢为人先、彰显个性。高等院校以学生为本，结合历史与现实进行科学有效的配置，形成最优化制度政策体系，在宽松的教育环境下，大学生更能成为教育管理的参与者、管理制度的受益者。同时，高等院校制度政策的不断完善更新，更能适应大学生个性发展，也更能顺应时代潮流，形成高等院校在新时期的发展特色。

路径二：发挥专业教育课程实施的主导功能，促进大学生个性发展。

在课堂教育中教师要充分调动学生的主观能动性、学习积极性，丰富课堂教学氛围。"学高为师，德高为范。"教师应注重自己的人格塑造，一个教师具有的高尚品格能对学

生产生不可抗拒的人格魅力，尤其是高等院校学生教育管理者的个性张扬对学生的影响更大。高等院校教育管理者要在严格的、规范的课堂教学中，根据课程设置，利用专业特色，引导、培养学生的个性意识，形成学生的个性特点。现代化的多媒体技术是促进学生形成个性张扬的媒介，教师可以通过网络课堂教学，方便学生查阅资料，实现网上互动，扩大学生的知识面，提升学生的学习兴趣，变被动学习为主动学习、自主学习，形成自我学习、自我教育的良好局面，促进大学生自我发展意识的形成，从而促进大学生的全面个性发展。

路径三：依托校园活动实践载体，实现活动育人功能

大学生的精神生活是校园文化形成独特的价值体系的主要因素。科学合理地运用校园文化资源不但能丰富高等院校的大学精神，而且能促进校园环境和校园设施的更新和规划。例如，通过宿舍、图书馆、体育馆、电子阅览室、多媒体教室、实验室、黑板报、校刊等载体体现大学校园文化活动是大学生创新的源泉。校园文化活动在全面培养学生各方面能力的同时也提高了校园的人文氛围。培养学生个性发展还要丰富文化载体建设，培育和打造校园文化品牌，加强网络文化建设，引导和培养学生适应社会发展的个性品质。因此，要加强校园文化建设就必须继承和弘扬学校优良的文化传统，营造富有地方特色、专业模式、历史内涵、时代风格和学校特色的校园文化环境，实现高等院校在转型中培养学生个性发展的育人功能。

路径四：开展多样化的社会教育实践活动，提高大学生的社会适应能力。高等院校应该利用自身服务区域、服务地方的优势，全方位地组织大学生走出校园，融入社会，增强大学生参与社会教育实践活动的能力。培养其内敛、平衡、竞争、协调、适应等良好的心理品质，在个性发展的过程中，增强对社会发展的认知，提升适应社会的能力。高等院校可以通过社会调查、青年志愿者、咨询服务、社区家政、家教实践、教育实习、教育见习、网络教育、自学自考、设计竞赛、技能培训、职业资格、文体展示、文化实践、科技宣传等活动，培养适应社会的综合能力。高等院校应该构建大学生社会适应力的培养体系，把教育管理过程与大学生个性培养以及社会教育实践活动紧密结合起来，促进大学生创新意识的形成，以及对大学生全面教育的动力机制的形成。

高等院校学生教育管理对大学生个性发展培养的支撑作用是当前高等教育的重要功能，在高等院校学生管理中培养学生个性发展是高等院校转型发展的迫切需要，它体现了教育以人为本，体现了高等教育的人文关怀。应该充分利用转型发展的机遇，推动对大学生个性发展的培养，实现管理平台多元化体系的构建，提升高等院校学生教育管理水平，为社会发展培养更多、更好的创新型人才，为中华民族的伟大复兴奠定坚实的人才基础。

参考文献

[1] 陈孝彬 . 教育管理学：第 3 版 [M]. 北京：北京师范大学出版社，2008.

[2] 范国睿 . 学校管理的理论与实务 [M]. 上海：华东师范大学出版社，2003.

[3] 安文铸 . 现代教育管理学引论 [M]. 北京：北京师范大学出版社，1995.

[4] 安文铸 . 学校管理研究专题 [M]. 北京：科学普及出版社，1997.

[5] 冯大鸣、吴志宏 . 教育管理学参考读本 [M]. 上海：华东师范大学出版社，2002.

[6] 李保强 . 学校管理学 [M]. 北京：高等教育出版社，2002.

[7] 陈桂生 . 到中小学去研究教育 [M]. 上海：华东师范大学出版社，2000.

[8] 范国睿 . 多元与融合：多维视野中的学校发展 [M]. 北京：教育科学出版社，2002.

[9 孙灿成 . 学校管理学概论 [M]. 北京：人民教育出版社，2000.

[10] 冯大鸣 . 沟通与分享：中西教育管理领衔学者世纪汇谈 [M]. 上海：上海世纪出版社，2002.

[11] 周三多 . 管理学原理与方法：第 6 版 [M]. 上海：复旦大学出版社，1997.

[12] 黄云龙 . 现代教育管理学 [M]. 上海：复旦大学出版社 1993.

[13] 黄崴 . 教育管理学：概念与原理 [M]. 广州：广东高等教育出版社，2002.

[14] 黄志成、程晋宽 . 现代教育管理论 [M]. 上海：上海教育出版社，2001.